U0018124

你就是自己的激勵達人

新世代激勵達人
Dr.鄭匡宇

搭訕前，
先搞定人生
！

Contents

序

　　人生在世，絕不可能永遠一帆風順，總會有高潮和低潮、興奮與沮喪。開心順利的時候自然無需擔心，但挫折抑鬱的時候卻必須當心，因為我們很有可能在遭遇短暫打擊後開始妄自菲薄、懷疑自己的能力、失去前進的勇氣，從此一蹶不振，跌入萬劫不復的深淵。所以人人都該有個生命的教練（life coach），帶領我們朝更好的人生目標邁進，也在我們失敗的時候給與我們支持和鼓勵。

　　問題是，大部分的人都傾向於錦上添花，而不願意雪中送炭；別人只會在我們成功的時候和我們分享喜悅，卻鮮少願意在我們懷憂喪志的時候給我們鼓舞。

　　這也怪不得別人！畢竟成功順利的人大家都想接近，總覺得能藉機分點好處，或者沾點勝利者的福氣；但跌落谷底的人大家都避之惟恐不及，就怕他會有求於己，甚至倒楣鬼跟著上

你就是自己的激勵達人　搭訕前，先搞定人生！

身，拖垮自己的好運。

　　既然我們不能保證別人在我們困難的時候會伸出援手、在我們失敗時能給與鼓勵，那麼不如將這個激勵的責任攬在自己身上！讓自己成為自己的激勵達人，並且也期許在別人需要我們的時候，能當一個激發別人奮鬥向上，不屈不撓的激勵大師。

　　寫作這本書之前，我曾經認真地思考過，到底什麼樣的自我激勵書籍，才能符合市場的需要，又不至於落於老套？畢竟在目前的書市裡面，已經不乏各式暢銷好書：拿破崙・希爾（Napoleon Hill），安東尼・羅賓（Anthony Robbins），偉恩・戴爾（Wayne Dyer），傑克・坎菲爾德（Jack Canfield）……等等大師，都和我們分享了許多自我激勵的方法與心得。說真的，只要到書店找出十本關於勵志的書籍，並把他們全部讀完，應該就能把握成功的觀念和密碼，問題只在於你會不會真的照著那些觀念去實際操作，創造屬於自己的成功人生罷了。

　　既然如此，那麼我要與讀者們分享的東西，能夠超越那些大師嗎？能帶給讀者們新意與感動嗎？能真正幫助他們在遇到挫折與困難時調整情緒，繼續勇往直前嗎？

　　我發現，在激勵相關主題的書籍市場中要能殺出一條血路，帶給讀者們新的震撼，就一定得採取能夠出奇致勝的「藍

海策略」！而我的藍海策略，就是自己的人生故事！歡迎大家和我一起回顧曾經發生在我人生裡面的點點滴滴，包括那些令我難忘的經驗、挫折和挑戰，以及我不折不撓的正面回應！

事實上，根本不可能有任何一本經典，能夠涵蓋所有的人生經驗，以及每個人所遭遇的問題，惟有透過不同的議題和寫作方式，不斷地探討不同的問題，才能真正讓讀者們受到啟發，覺得感動。我的人生經驗，想必能夠讓其他人感同身受；費心搜集而來的名人激勵故事，也一定能燃起大家奮發再起的熱情，這些都能成為大家探索自我，面對挫折時的寶藏！

和大部分的人一樣，我也來自平凡的家庭，曾經面臨求學升學的壓力、與父母觀念的岐異、和同學同儕相處時的人際困擾，以及就業逐夢時遭遇到的困難……我的故事，就是每個人的故事。這本書真誠地和讀者們分享我的人生經驗、閱讀勵志書籍的心得，再加入其他名人們在遭遇困難時自立自強的故事，來強化一些經過千錘百煉的自我激勵信念，並希望能被大家內化為自我思考與行動的習慣，勇敢地面對這未知卻絕對精彩的人生。

為了涵蓋更廣泛的讀者群，本書探討的議題，將從中學生這個年齡層開始，一直到剛出社會的工作青年，從學業方面的問題，與父母同儕相處的困擾，工作上的競爭，到對未來的規

劃，都會有深入的探討。

　　更多時候，你會看到我與大家分享的，是確實改變與提升自己的方法，透過每天一點一滴的改變與行動，讓自己的心情、體態、外型、口才和氣質，達到全方位的向上提升。這是一本完全不同於所有其他關於激勵的書籍，也是一本兼顧觀念討論與方法提供的好書。

　　除了我個人的故事以外，許多名人與傳奇人物的經典例子，也值得我們借鏡。透過分享他們的故事，我希望大家都能找到屬於你自己欣賞效法的模範典型。雖然每個人都該有自己的人生，但是看看別人如何面對挫折，並學習前人的智慧，能讓我們更加聰慧且全面地解決自己的問題。尤其當我介紹的人物，是你崇拜羨慕的對象時，將更能加強你克服眼前困難的信心。

　　我一直認為，所謂的偶像崇拜，不該只是針對他們的外貌，也不該是他們出眾的能力而已，更應該把他們當成是我們在遇到困難與挫折時的借鏡，想想如果我們是他們，在遇到類似的挑戰時能怎麼想、怎麼做。

　　最重要的是，當我們欣賞或崇拜的偶像，如果因為某種原因而不再有名或不再成為我們效法的目標時，大家還是能記得他們曾經堅持或奉行的普世價值。沒有人是聖人，只要是人都

有可能犯錯、做出錯誤的判斷。此時我們應該做的，不是對他們所提倡的價值觀嗤之以鼻、不屑一顧，反而更應該堅持自己所相信的理念與信仰，不必因為自己欣賞的人無法做到某些德行，而再也不去實踐它們。

人的軀體都會離開人世，良好的德行卻會永遠留存下來，成為我們生活的模範與指標，那才是我們應該奉行不渝的行為準則。

永遠不必害怕犯錯和失敗，因為只要我們還沒進棺材，就一直有犯錯與失敗的風險，所以重點不在於讓自己永遠不犯錯，而是在遇到人生困難的時候，如何反省改進，讓自己突破眼前的難關。人生，就是一個不斷修正改進，讓自己更好的過程，所謂的認識自己，也只能在這樣一個過程中獲得實現。

讓我們一起學習如何將一次又一次的失敗、挫折與困難，當成是讓自己更好的動力，也別忘了在讓自己過得自信開心之餘，也把正面的力量帶給別人。

如果這本書感動了你，也幫助了你，千萬別吝惜向你的朋友推薦這本書籍，讓他們也能開創屬於他們自己的自信人生！

鄭匡宇

1 正面的積極力量

沒有正面的思維，
就試著重組腦中的
DNA；沒有目標
就設定一個目標，
並相信自己一定能
做到！

⇒ 下定決心、設定目標，是上天賦與的珍貴寶藏

任何一個偉大的成就，或者關於自身巨大的改變，一開始都源自於一個想法，一個信念。信念和決心，才是一切成就與改變的根本。

所以，當很多人問我，看勵志書，或者參加激勵成長的課程到底有沒有用時，我的答案都是：因人而異！

因為就算看許多激勵方面的書籍，或參加再昂貴的自我成長課程，如果沒有真正相信那些信念，並真的下定決心去改變，即使花了再多的時間和金錢，也沒辦法達到原本期望的效果。成功與失敗之間的距離，就是相信與行動的累積。

有一個美國人，出生在貧窮的農村，沒有機會上學，但他從來沒有放棄任何一個學習的機會，總是透過不斷地自修和努力，爭取人生可能的機會，可是卻一路顛簸：22歲時經商失敗，債務纏身；23歲時競選州議員不僅落選，還連工作都丟了；24歲時再次借錢經商卻又破產，之後花了17年時間才把債務還清；27歲時精神一度崩潰，臥病在床；31歲時參選州議員的資格被取消；40歲時毛遂自薦擔任州土地局長一職被拒絕；45歲時競選參議員落選；47歲時爭取副總統提名，

> 信念和決心，才是一切成就與改變的根本。

你就是自己的激勵達人　搭訕前，先搞定人生！

但在黨內得到的支持票還不到 100 張；49 歲時再度競選參議員，再次落敗……

經歷過無數次的挫折之後，他還是沒有放棄。最後，此人把美國「人人都該生而平等，不應有種族歧視」的憲法精神，透過南北戰爭和解放黑奴實現，他是美國第十六任總統林肯！

有一個韓國人，從小出身貧窮，但是他沒有因此向命運低頭，每天早起賣壽司卷維持生計，並努力自修考上名校高麗大學，期間靠著撿垃圾做資源回收的方式來支付學費完成學業。

畢業後進入現代集團的建設公司，從普通職員做起，三十六歲時憑藉著傑出的表現當上執行總裁，之後進入政壇擔任國會議員，後來選上首爾市市長，成功美化了「臭水溝」清溪川、重整公車運行系統改善了交通、開發新市鎮讓更多人能享受舒適的居住環境、爭取外資擴大對首爾市的投資、闢建首爾森林公園提供居民一個休閒運動的場所……，他誓言要提供人民一個更好的生活、一個更有希望的未來，終於在 2008 年得到過半民眾支持，進入總統府青瓦台，他是韓國總統李明博。

有一位台灣人，學歷為中國海專，靠著母親標會得來的十萬元台幣創業，從製造黑白電視的旋轉鈕開始，後來逐漸進入電源連結器的領域，曾經為了開發市場隻身前往美國，憑著那一口破爛的英語拜訪潛在客戶，只為了能與對方見上一面，一

天只吃一餐，住最便宜的汽車旅館，創業的頭幾年忙著調頭寸，整整三個月都沒有拿錢回家。日子雖然艱困，但是他從來沒有放棄。三十年後，他的公司成為全球電子零組件代工的霸主，這個人是鴻海集團創辦人兼董事長郭台銘。

還有一位尼姑，因為不忍心再看到有人因為貧窮付不出醫療費用而被醫生拒絕治療，於是要求跟隨她的幾個修行弟子，每天多做一雙嬰兒鞋來販賣籌錢，並要求大家把平日買菜省下的五毛錢存起來慢慢累積，再將化緣募款得來的經費存在一起用來接濟生活有困難或沒有錢看病的人。

到了今天，她率領的這個組織，分會遍布台灣和全球，從慈善、醫療、教育、文化、國際賑災、骨髓捐贈、環保到社區志工等等的義行善舉無一不與，大愛的精神受到了全世界的敬重，這個人是慈濟功德會的證嚴法師……

請大家再仔細看看上面介紹的這些人，他們一開始都和我們一樣，沒有上天賦與的龐大資源，更沒有無往不利的天生好運，他們有的就是堅定的信念，和持續不斷的努力，才達到令人敬佩的成就。

所以我要說，所謂成功的資源，其實根本不假外求，它屬於每一個人，它就是我們的身體、

> 成功的資源，其實根本不假外求，它屬於每一個人，它就是我們的身體、我們的心靈。

我們的心靈。每一個人早就已經擁有實現夢想的力量，只是很多人沒有真正的相信，更沒有實際去開發。

也許你會質疑，前述這些人的成功，還不是一路上靠著許多人的幫助，才能取得那些傲人的成就？要這麼說也對！因為在這個世界上，沒有人是獨立存在的個體，也絕對沒有人能獨自完成任何事，每一個所謂的成功以及豐功偉業，都是大家同心協力才能完成的任務。

但是，在達到成功境界之前的每一個環節，如果想要他人在過程中幫助我們，我們還得要先是那個的始作俑者才行。我們必須是那個一開始就付出努力的發光體，才能吸引到別人的目光，願意加入和協助我們，也才能實現自己的目標！

底下的這個略圖，可以用來概括表示自己的努力與他人的幫助之間的關係：

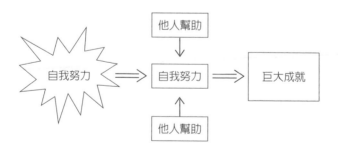

　　惟有自己的力量夠強大，人家才願意幫助我們，而當我們受到別人的幫助後，自身的成就會更明顯，也才能吸引到更多優秀的人才來加入自己的圓夢計畫，也讓這個夢想工程更加完美。這絕對是一個互助互利的過程與正面循環，但是成功的根源，還是在於自己的辛勤付出與奮鬥不懈。

　　正在看書的你，有沒有什麼夢想呢？有沒有什麼非常想做到的事呢？有沒有某件事情讓你覺得不去做就睡不著覺，或是念茲在茲就是非得要去完成它呢？如果有，那麼恭喜你，人類就是因為有目標和夢想而偉大，你的人生，也會因為達成自己的夢想而感到滿足。

　　但是，根據我們過去的經驗，很多時候，自己雖然有了想法，但似乎總是不夠強烈，儘管採取了行動，但是又不夠全面而遭致失敗，或者獲得的成就無法跟他人比擬。你也許感到疑惑：為什麼有些人的動機，就是比我們強大呢？為什麼有些人追求成功的意志和行動力，就是比其他人堅定呢？

　　答案只有一個，那就是：和我們比起來，他們更是打從心底相信那些信念，那股信心和意志，比我們相信自己的意志，以及人家對他是否能實現夢想的意志，要來的強大。換句話說，說他是愚蠢也好，罵他是迷信也罷，反正他已經打從骨子裡相信自己正在做的事，所以他會勇往直前，所以他會不屈不

撓，也因此他會成功！

　　也許你還要說，不對啊，上帝是很不公平的！有些天生環境就比較好的人，他們的父母是受過高等教育的精英份子，在教育孩子的時候，就能給與孩子更多的資源，讓他們比較容易有堅強的信念，相信自己會成功，也同時擁有更多的能力來裝備自己，一步步達成自己設定的目標。

　　而我呢？也許我的父母是勞動階級，是三級貧戶，或我從小就失去了雙親，缺乏溫暖與照顧，從沒有人好好給我教育，更沒有名師高人給我指點，先天不足再加上後天失調，又怎麼可能跟那些人一樣成功呢？

　　但是請各位想想，你現在不是正在看這本書嗎？不只這本書，在這個自由的國度裡面，你不是隨時有進入圖書館借書的權利嗎？你同樣擁有在誠品與金石堂等書店，隨手拿起一本書來翻閱的自由。你還可以打開電視、慎選節目、運用網路、挑選有益的深度報導……這些都是擷取知識，鼓勵自己積極向上的方式，而且完全免費。

　　或許老天不能給我們一個天生的公平環境，但是當我們隨著年齡增長、心智逐漸成熟之後，我絕對相信，大家都有能力判斷什麼是好的知識、什麼是不好的知識；什麼是有用的信念、什麼是沒有用的信念；什麼是能支持我們提升向上的行

為、什麼又是會拉著我們向下沈淪的行為。差別只是在於你要不要去接受那些好的信念，和拋棄那些不好的信念罷了。這都是你

任何一刻，都可以是改變的開始，端看你要不要從現在就執行。

的選擇，與個人所受的教育水準無關，只和你的決定力有關。任何一刻，都可以是改變的開始，端看你要不要從現在就執行。

　　很多人羨慕別人含著金湯匙出生，但換個角度來看，大家曾經設身處地想過有錢人子弟的痛苦嗎？他們也許永遠都要活在成功父母的陰影底下，所有好不容易達到的成就，都可能輕易地被別人一句：「他還不是靠父母的庇蔭？」給徹底打擊而消失殆盡。成功的時候別人覺得榮耀是他們雙親給的，失敗的時候又會被人家訕笑是敗家子，這種痛苦外人又能了解多少？就算他覺得一輩子渾渾噩噩混日子過的無憂無慮，外人似乎很羨慕他的生活，但也許他心裡更羨慕的是我們這些能夠白手起家，憑實力拼出事業的一群人。放棄自己，終將一無所得，沒有努力過的人生，也完全沒有回憶價值，別急著羨慕他們，他們說不定還反過來羨慕我們呢！

　　所以，別再嫉妒別人在一開始的時候比我們擁有更多的東西，而要看看我們在這一生的過程中，能夠努力擁有多少東

你就是自己的激勵達人　搭訕前，先搞定人生！

西，並且時時檢討我們是如何得到這些東西。從現在開始重新設定腦中的DNA，一點都不遲，只要真的想要做某件事，就相信自己一定會做到，然後採取行動，一定有做到的可能！即使是為了那千分之一的可能性，我們也應該盡力去做，因為世上根本就沒有所謂幸福人生的保證，只有努力過好每一天才是不悔人生的最佳註腳！

➡ 選擇、決心與行動，永遠不會太遲！

下定決心和採取行動這件事，無論從何時開始，都不會太遲。我自己的故事，就是最好的證明。

很多人一定都很好奇，在美國拿到舞蹈史暨舞蹈理論博士學位的我，怎麼會回到台灣成為暢銷作家，開始推廣全民搭訕運動，並在出了八本書之後，又搖身一變成了新世代激勵達人呢？在美國花了五年時間拿到舞蹈學位，卻不在該領域裡面繼續耕耘，不是有點可惜嗎？且聽我娓娓道來。

世上根本就沒有所謂幸福人生的保證，只有努力過好每一天才是不悔人生的最佳註腳！

話說我在美國求學的尾聲，也就是最後半年左右，是心情最複雜的時候。如果有拿過高等學位經驗，包括碩士或

博士學位的朋友都知道，在最後的這個時期，每位研究生都非常容易產生焦慮的情緒，覺得自己似乎只要再一步就可以拿到學位，但是又很擔心或許一切不會如想像中的那般順利，要是半途出了什麼差錯，造成研究中斷，那麼之前的努力不就全都白費了嗎？

於是，這個時期的研究生常無心於寫作論文，總是寫到一半就開始上網去做其他的事，或者是打掃房間、學習才藝、去購物網站買東西，否則就是突然開始探討生活的目的與生命的意義。硬撐下來的人，最後終於拿到學位，撐不下來的人，往往就在最後這一刻放棄。關於這種研究生論文寫作症候群，江源慎先生在他那篇被無數人轉載的文章中，有極為詳盡貼切的描述（http://myurl.com.tw/28sb），看了保證讓曾經經歷過類似人生階段的人，心有戚戚焉，捧腹大笑或者暗自垂淚。

當時的我也一樣，前述這些症狀可一樣也沒有少，出個門都在想會不會突然被車擦撞，坐個飛機都擔心會不會墜機。寫論文的時候更是難以專心，沒事就會想上購物網站買個東西，費盡所有力氣在網路上搜尋，只因為想找到那首在路上隨意聽到的靡靡之音。我甚至還想起小時候最想學習吹奏樂器，但是因為家裡沒錢父母也不在意，一直未能完成此心願，心血來潮便打算買個薩克斯風來學習。看到這裡你就知道，當時我這研

究生症候群也算是病得不輕！（我怎麼被王文華大哥附身，開始押韻了？）

　　幸好當時我雖然有研究生症候群的症狀，但我的腦子還算清醒，心裡知道再怎麼痛苦艱辛，畢竟已經在美國花了四年左右的時間，怎麼樣都要先把學位拿到，再想想未來的路還可以如何走下去。

　　我接著又想，既然遇到了瓶頸，在這個最後的階段裡面，要怎樣才能激勵自己呢？要怎樣才能維持對論文寫作的熱情與活力呢？

　　突然，我腦中閃過了一個畫面，依稀記得前一陣子在電視購物頻道的廣告上，似乎看到有人在推銷所謂的激勵書籍，於是靈機一動，心想不如我來聽聽看這些美國所謂的心靈激勵大師們，到底在說些什麼東西？當時的想法很單純，就是覺得聽聽這些名家的說法，也許能激勵被「論文病魔」纏身的我，燃起繼續寫作的鬥志，而且就算聽完覺得他們說的都是一堆狗屁，至少能加強我的英語能力！

　　於是我開始在eBay（全美最大購物網站）上面搜尋，打入motivational talk（激勵演講），映入眼簾的，第一個就是安東尼‧羅賓。在看到安東尼‧羅賓這個名字之前，我對他只有很模糊的印象，除了知道這個人好像很有名之外，其他一無所

知。我搜尋後發現網路上販賣他二手錄音帶和CD的價位實在很便宜，加上運費也不過是十五塊美金，於是也沒有多想，便直接訂購他的作品。三天後東西寄來，我乖乖地照著上面的指示開始，從第一天的錄音課程，聽到第三十天，這一聽，徹底改變了我的人生！

光是看安東尼・羅賓他的書，還感受不到他的魅力和魔力，聽錄音帶當然有用，不過效果最大的還是親自去上他的課！我真慶幸自己的英文還不錯，能聽懂他全部所講的內容，從第一天開始，我就知道，這個自我成長的語音課程絕對有用。從自我激勵、目標設定、採取行動，到建立完美的人際關係，巨細靡遺。聽完他的帶子，我最大的體悟就是：我想和他一樣，成為一個演講家，一個能夠帶給更多人正面影響的激勵大師！

成為激勵大師的這個念頭，過去曾經在我的腦海裡面閃過，但是在聽了安東尼・羅賓課程之後，更加強了我這個信念。我仔細思考，雖然自己拿的是舞蹈史與舞蹈理論的博士，對舞蹈這個領域也算有興趣，但捫心自問後我更清楚，那只是一個還不錯的興趣而已，並不是會讓

自我成長的語音課程絕對有用。從自我激勵、目標設定、採取行動，到建立完美的人際關係，巨細靡遺。

想去瘋狂嘗試、去實踐、去發揚光大，和別人提起時眼睛會發光、念茲在茲，朝思暮想的興趣！

　　我對舞蹈教學與推廣是有熱情沒錯，但是那熱情有大過台灣「新古典舞團」的劉鳳學老師和「雲門舞集」的林懷民老師嗎？有大過現代舞的創始者伊莎朵拉‧鄧肯（Isadora Duncun）和鬼才編舞家摩斯‧肯寧漢（Merce Cunningham）嗎？我對舞蹈研究或學術研究的確有著不小的熱忱，但那熱忱有大過我的指導老師，舞蹈研究界的巨擘蘇珊‧福斯特（Susan Foster），和加州大學河濱分校中文系女性主義權威吳燕娜教授嗎？

　　經過反覆思索，得到的答案全部都是否定的！所以，我知道自己就算從事舞蹈研究和舞蹈教學的工作，將來獲得的成就也超越不了前述提到的這些巨人，連想並駕齊驅都很難。為什麼？因為熱情不夠！

　　請不要在這個時候問我既然早知如此，當初又何必在留學時選擇申請舞蹈系？人生其實根本就沒有「早知如此，何必當初」這種事！太多的時候，我們都以為當下已經替自己做出了最好的判斷與決定，但隨著時間過去，藉由學習與成長，我們會修正改進，慢慢清楚知道自己還有比手邊正在從事的工作更想做的事情，於是得否定過去的自我以及過去的決定，重新尋找新的人生方向。

這時，不必為了已經覆水難收的過去痛哭流涕，而應該試著賦與未來新的目標與更積極的意義。畢竟如果人生都能夠預知，完全沒有意外，那還有什麼意思？人生的目的，不是活在反覆的扼腕、懊悔與失意，而是在找到新目標之後，能夠拋棄過去，勇敢地朝新設定的目標邁進，這就是我當時想通的最大道理。

於是，聽了安東尼‧羅賓的語音課程之後我知道，以前僅管沒有好好思考過這個問題，也以為自己會在學術圈裡面繼續走下去，但是把一切想清楚之後未來的遠景又是如此明確。遠離舞蹈這個領域看起來似乎存在著許多的不確定與風險，但我相信，任何一個決定，從現在開始做選擇並採取行動，永遠不會太遲，我一定要做我自己最想做的事，而且是一個前無古人、後無來者、石破天驚的事。

只是，那到底該是件什麼事呢？到底什麼樣的主題或發展策略，能夠讓我也成為像安東尼‧羅賓一樣的激勵大師，但又不會陷入模仿抄襲前人的窠臼呢？

反覆思考之後，我想到了一個議題，它是一個能夠結合自

> 人生的目的，不是活在反覆的扼腕、懊悔與失意，而是在找到新目標之後，能夠拋棄過去，勇敢地朝新設定的目標邁進。

信、溝通技巧，以及情緒管理的討論，以這個議題作為主軸發展下去，一定能夠實現我成為世界級演講家的夢想。這個議題就是：搭訕！

看過《全民搭訕運動》這本書的朋友一定都知道，其實我透過書本所要傳達的，不外乎是建立自信、溝通技巧、面對挫折，以及情緒管理的能力，這也是所有激勵課程與講座的主軸。

但是，大家想想，一個剛從美國留學回來台灣的留學生，跟出版社表示要出一本關於自信或人際溝通的著作，有人會想出版他的書嗎？如果跟公司行號表達他想去演講的意願，主題鎖定在自我激勵和兩性溝通，有人會「鳥」他嗎？

答案很清楚明白：沒有人知道他是誰，更沒有人將理會他，因為這傢伙既沒有名，更沒有錢！更何況當時這種勵志與兩性的市場，早已被戴晨志博士、劉墉老師，吳淡如小姐和吳若權先生等等前輩們盤踞山頭，各自打下一片天地。我要能夠突圍，勢必要有一番不同的話題與行銷方法作為「藍海策略」，才能順利切入這個市場。

於是，搭訕就成了我的藍海策略。我先用搭訕這個聳動的標題來吸引媒體和讀者的目光，成功的造勢之後，才能順利地推廣自己希望幫助更多人從外型、口才、內涵、情緒管理等層

面進行全方位提升與改造的理念。

　　曾經有位讀者來信說的好！眼尖的他在我的第三本書出版之後，就發現我根本是「以人性好色之名，行普渡天下眾生之實」，這真是再正確不過的評論！而這樣的操作，也證實了是成功的，否則，大家不會看到這本書的問世，以及現在開始跨領域地書寫關於自我激勵、創意行銷，與情緒管理相關書籍的我！

　　看了這個故事你就能了解，任何成就的開始，就只是一個想法、一個信念罷了，端看你如何操作它，就會成就不同的光景。連搭訕這個過去被妖魔化的名

任何成就的開始，就只是一個想法、一個信念罷了，端看你如何操作它，就會成就不同的光景。

詞，都能硬轉化為正面的名詞；從原本大家只敢私底下偷偷議論的話題，到現在人人朗朗上口的討論，這就是一種成就，也是我一開始就相信自己一定會做出一番成績的信念所造成的結果！我付出的努力不僅是為了和更多讀者分享我的激勵故事，更是為了挑戰自己的無限潛能！如果我都可以做到，相信跟我一樣來自平凡的你，也一定可以做到！重點就是那相信、決心、行動和堅持而已！

2 坐而言不如起而行

《秘密》一書中提到的宇宙力量，沒有行動的支持，也只是空談！

➧ 《秘密》信念的背後，是紮紮實實的行動

最近《秘密》這本書和它所提倡的理念在全球大行其道，也理所當然地成為台灣書市銷售的冠軍。其實這本書的內容不管在文字上或是在編排上，都不算是一本「好看」的書。它主要是藉由不同成功人士的分享，來強化一個信念，那就是：宇宙裡面有一股自然的力量，是能讓你心想事成的神祕導引，如果你真的非常想要一個東西，或希望達成某個目標，只要堅定自己的欲望，甚至幻想那個目標已經實現，並且以那樣的心態生活，世界的磁場將因此改變，接著會有許多意想不到的奇蹟來幫助你實現夢想！就是這樣簡單明瞭又強而有力的宣言，再加上出版社與媒體高明的宣傳操作，讓大家都以為只要看了這本書，再運用意念的力量，夢想就能實現。

不過我真的要講，《秘密》的文字宣傳固然美好，但在現實的世界裡面，光靠意念和相信，絕對是不夠的，大家只要仔細去看看書裡面介紹的成功人士在他們自己出版的書籍，或是在他們自己的演講課程中所透露出來的奮鬥過程，就知道沒有經過一番努力，再美好的畫面也不可能憑空實現。那種空想，就像一個每天在家裡打電動的阿宅，卻幻想能被一個天上掉下來的正妹青睞一樣的遙不可及；那位正妹或許會出現，不過通

常都是要你包養她的詐騙集團，否則就是見面後直接送你進大牢的網路女警！

因此我們知道，除了信念和目標之外，更重要的是行動，而我常常認為行動有時候甚至比目標更重要！在腦中我們可以天馬行空地任意幻想，但那不會促成現實中任何可能的實現，惟有行動才能離目標越來越近。

換一個角度來看，很多人害怕行動，正是因為行動會讓我們遭遇可能失敗的痛苦。不過仔細想想，只有失敗和痛苦，才能讓我們修正，尋覓出達到目標更好的方法；最重要的是，也只有那想要卻得不到的痛苦，才能激發我們硬是要得到它的鬥志！所以，只有行動才是達成目標的唯一途徑與方法！

當一個人對成功的信念夠堅定，對目標夠執著的時候，他就會想出各種不同的行動與方法，去嘗試、去執行，看看能不能讓自己更接近目標。不過這個時候，採取行動的我們要特別注意一件事情，那就是來自周遭，不管是陌生人甚至是親朋好友的異樣眼光與冷嘲熱諷。

惟有厚臉皮展示自己不怕辛苦又願意學習的決心，才是你最有效的武器。

遇到這種情形時，一些比較害羞的人或許就會因此退縮，但這個時候你卻必須堅信厚臉皮才是王道，再講得明白

一點，要成功，還真的是必須不要臉！特別是對年輕人而言，沒有實務經驗，專業能力更比不上別人，惟有厚臉皮展示自己不怕辛苦又願意學習的決心，才是你最有效的武器。

不要臉才是王道

這世上有太多的例子告訴我們，在適當的時候不要臉，才能突破既得利益者佈下讓其他人無法與之競爭的重圍，闖出自己的一片天地。關於那些因為不要臉而在商場上成功的案例，有一本書叫做《無恥行銷》(*Confessions of Shameless Self-promoters*)，裡頭介紹了許多讓人拍案叫絕，捧腹大笑的精彩實例，看完保證讓害怕丟臉、害羞膽小的你士氣大振！

讓我隨便舉幾個關於無恥行銷的例子。大家應該都知道全世界筆記型電腦代工龍頭「廣達電腦」吧？廣達電腦的創辦人林百里先生剛開始創業後沒多久，有次帶著產品到美國拜訪新客戶，但那位新客戶因為沒有聽過廣達，一開始根本連瞧都懶得瞧廣達的產品一眼，就直接批評廣達的東西又醜又爛。突然間不知道怎麼地，該客戶一個不小心，把展示用的筆記型電腦啪地一聲摔到了地上，這時林百里趕緊把筆電從地上撿起來，笑嘻嘻地對顧客說：「你看，敝公司的產品連這樣摔都不會

壞，證明它還是相當耐用的呢！」

　　你看，在那種場合，為了推銷自己的產品，連林百里先生都願意這樣厚臉皮地說自家產品的好話，多麼令人敬佩啊！想要成功的你，能不把這種不要臉的精神學起來嗎？「人不知恥鬼都怕」，歡迎大家為了實現自己的目標，當個「鬼見愁」吧！

　　另外一位香港藝人，在還是演員訓練班學生的時候，就每天比別人早一點到公司，站在電梯旁邊，向每一位上樓的人問安，並且幫忙按電梯，他不只幫電視台的長官，導演和製作人按電梯，也幫忙每一位進出的人員按他們想去的樓層，就算被其他同仁指指點點他也甘之如飴。大家知道他為什麼要這麼做嗎？就是為了展現願意替大家服務的熱忱，以及希望能爭取更多演出機會的決心。

　　他雖然長得很英俊瀟灑，但是演員訓練班裡面其他英俊瀟灑的男演員也很多，如果不適時表現自己，讓導演和製作人認識自己，哪裡來的演出機會？果然沒有多久，他就在電視劇裡面爭取到演出機會，後來當上了男主角，演出了家喻戶曉的《上海灘》這部經典之作，後來更進軍好萊塢，成為華人演藝圈的巨星與大哥大，這位藝人就是周潤發！

　　還有一位香港的演員，在演員訓練班受訓時，為了讓老師

和長官記得他，總是充滿活力與熱忱，在戲劇指導老師問到「有沒有人願意替大家服務，去幹嘛幹嘛……」、「有沒有人願意替老師倒水？」、「有沒有人要出來示範這個角色？」的時候，總是第一個舉手喊「有！我！」

後來進了劇組，擔任跑龍套的小演員時，導演問：「有沒有人要演戲裡面那個被痛揍一頓，最後還死得很難看的小癟三？」、「誰要演那個替男主角從高樓上跳下來的替身角色？」，或者「誰願意在休息時間替大家買便當飲料？」的時候，他還是第一個舉手答「有！我」！因為他熱忱和謙虛的態度，大家都喜歡他，也都願意給他機會，日後他漸漸當上了電視台的男主角，甚至還跨足電影圈和歌唱領域，成了華人世界最受歡迎的男明星。不過他再怎麼紅透半邊天，這個舉手答「有！我」的習慣還是沒有改變，總是急公好義、熱心公益，在任何慈善晚會等活動上都能看到他的身影，這個人就是永遠的巨星劉德華。

當時回到台灣後努力推廣全民搭訕運動的我，受到這幾位前輩們的感召，也決心效法他們的精神，反正我本來就什麼都沒有，面子也不值錢，就大膽放手一搏吧！為了更快地宣揚自己的理念，我當時認為若能透過寫作並出版書籍，應該是一個不錯的方式。

你就是自己的激勵達人

　　剛好我的哥哥有一位朋友，黃怡翔博士，在台灣是頗有名氣的心理學家，2001年時出版過一本書叫《和心理醫生聊天》。我認為，如果要成功完成一件事，當然應該向已經在那個領域取得成就的前輩學習，看看他們是如何完成目標，自己也跟著照做，相信就能得到相同的效果！我打了通電話，向他請益關於出書的方法和計畫。他非常無私地把自己當年是如何一舉出書成功的方法告訴我，在這裡我也很樂意和大家分享。

　　許多人都以為出書很難，總覺得自己必須是一個非常好的寫手，否則也得是經營部落格具有一定的知名度之後，才會有出版社願意主動接觸你，洽談出版事宜。大部分的情況的確是如此，但並非絕對！因為出版社也需要新的作家，而已經有名的作家誰不知道？哪家出版社不會搶著要？所以他們也面對僧多粥少，暢銷作家難尋的窘境。

　　因此，只要你覺得自己寫的東西夠好，或者是想藉由寫作出版的內容有深度或夠新奇，都可以直接跟出版社毛遂自薦。別人不認識默默無名的我們很正常，但我們可以主動去認識他們，讓他們知道我們有出版的計畫啊！

　　別人沒有認識我們的義務，但是我們有行銷自己的權利。這是戴晨志博士的經典名言。我更要說：別人沒有給我們機會的義務，但是我們有自己創造機會的權利！大膽地和別人分享

自己的想法，並向可能幫助你實現夢想的人推薦你的計畫，就是最好的圓夢方法。

別人沒有給我們機會的義務，但是我們有自己創造機會的權利！

說巧不巧，黃怡翔博士當年的第一本書，也不是別人來邀請他出的，而是他自己主動聯繫出版社。不過到底該怎麼邁出第一步呢？

其實很簡單！他告訴我，先把自己想要出版的書，包括書名、訴求讀者、內容獨特性、書目大綱，以及自己的聯絡方式等等，整理成一頁檔案，用Email或傳真的方式，寄給出版社就可以了！如果他們對你的作品有興趣，一定會主動和你聯繫，要是等不及的話，也可以在寄出資料的一個禮拜之後，主動打電話過去和出版社的人員聯繫，他們自然就會告訴你出版該作品的可行性。

至於該如何著手尋找有可能合作的出版社呢？我的做法是，先到書店的暢銷書區轉一圈，看看架上關於兩性或勵志的書籍，都是由哪些出版社出版，接著用筆把它們的聯絡方式抄下來，包括電子郵件和傳真，回到家後，再把我寫好的出版計畫與寫作大綱，寄給出版社。結果才一個禮拜的時間，我就收到三家出版社的來電和Email，表示對我的書有興趣，希望能去他們公司詳談。

你就是自己的激勵達人

　　這樣的回應，說真的我一點也不感到意外，畢竟像搭訕這樣的議題，雖然有如洪水猛獸一般腥辣，但有興趣的人實在太多了，所以出版社想進一步了解也很正常，因為它有話題性！所以正在看書的你如果有出版計畫，除非文筆夠好、內容夠紮實，否則就得像我一樣標題聳動內容新穎，才能一舉虜獲出版社的目光！自我推銷前的包裝與修飾，也是非常重要的工作！

　　但我到了第一家和我聯繫的出版社時，卻發現它似乎是一家比較保守的出版社，跟主編與行銷專員聊完自己的想法之後，他們告訴我，為了怕社會大眾還不能接受搭訕這個議題，希望我能想出另外一個替代的名詞，最好是變成以人際關係為主題的書名，內容也不要提到搭訕這兩個字，也許比較能被市場接受。這樣的提議，讓我在心裡對這間出版社打了個折扣。因為，不支持我寫作概念和計畫的出版社，日後要繼續合作起來，也會麻煩重重；況且，不用搭訕這個聳動的標題當書名，要如何能在競爭激烈的兩性書市裡面，吸引讀者的目光呢？

　　接著我又到了另一家出版社面談，當時和他們聊天的時候，只覺得彼此的觀念很契合，應該能夠合作愉快，便決定合作。不過我當時也向編輯表示：「這本書，其實不管貴出版社出不出，我都會把它寫完，你們願意出版最好，不願意出版的話也沒關係，反正我會再找其他出版社合作，要是最後沒有任

何出版社要它，我也會自己掏腰
包出版！」

當沒有人願意相信我們的時候，我們就要是那個相信自己的人！

　　會有這樣的想法，是因為我深深地相信，這就是我想要出版的書，如果沒有人相信它有市場，我必須是那個相信它有市場的人，當沒有人願意相信我們的時候，我們就要是那個相信自己的人！只要是自己想做的事，就不要先設想人家一定會願意幫助我們，而是砥礪自己就算戰到最後的一兵一卒，用盡自己的最後精力，也要有完成它的決心！

　　況且，世界上許多有名的作家，最初都不被看好，還遭遇到許多無情的打擊。最有名的例子，就是《哈利波特》(*Harry Potter*)的作者 J. K.羅琳女士。大家知道她曾經被多少出版社拒絕過嗎？他們說這種童書不會有太多人想看，還是不要冒險浪費錢在一個默默無聞的單親媽媽身上比較好。結果呢？《哈利波特》一出版後就賣遍全球，到了2005年，前五本系列加起來總共賣出了兩億六千萬本，媒體甚至讚嘆該書販賣的速度簡直就比印鈔機印鈔票還快！

　　另外，《富爸爸窮爸爸》(*Rich Dad, Poor Dad*)系列的作者羅勃特‧清崎，在一開始想出版他的大作時，也被許多出版社拒絕，表示這種書根本就不會有人想要看，更何況他也不是像

你就是自己的激勵達人　　搭訕前，先搞定人生！

川普或比爾・蓋茲那樣的超級有錢人，號召力不足。結果呢？《富爸爸窮爸爸》系列，全球賣出千萬冊以上，他的現金流遊戲，更改變了無數人對於金錢的概念，帶給世人巨大的正面影響。

所以，如果眼前有一件你非常想做的事，只要一提起就會讓你興奮莫名，不做就會睡不著覺，那麼無論如何一定要去做！就是因為抱持這樣的信念，我當時放手一搏，也順利出版第一本《全民搭訕運動》，不靠介紹、沒有背景，完完全全憑的就是自己的實力，以及讀者的支持。

正在看書的你，就算日後沒有出版計畫，也請把這種毛遂自薦，堅持到底的精神記下來，運用在未來追求自己夢想的過程裡。記得要打死不退，千萬別因為別人的一點小小的拒絕和挫折，就在夢想的道路上止步！

▌▌▶ 站在巨人的肩膀上讓自己看得更高更遠

除了出書之外，另一個最快推廣理念的方式，就是上電視節目通告。我剛回國與出版社接觸後，一方面想盡快把《全民搭訕運動》寫完，另一方面也希望主動和電視台聯繫，讓他們邀請我上節目當特別來賓。不過因為知名度還不夠，根本沒節

目願意主動邀請我。我一直在毛遂自薦，也在等待機會，看是不是能巧遇類似像菲哥和康永哥這樣的知名主持人，和他們直接面對面介紹我的想法，並推薦自己上他們的節目擔任特別來賓。

有一天，我和好友偉淳與阿德去看雲門舞集2的年度公演。在表演結束的時候，我和阿德在出口處聊天。突然我往兩點鐘方向定眼一看，哇！那不是名主持人蔡康永大哥嗎？他剛看完演出，也在出口附近跟朋友聊天。我看機不可失，二話不說，一個箭步上前，開始和康永哥搭訕。

與康永哥這種名人說話的時候，最好直接講重點，表明身分和來意，不要太多廢話，因為他們都很忙，也對群眾有些許的防衛心理。於是我便直接切入主題，告訴他我的名字，同時把名片遞給他，介紹我正在台灣推廣搭訕事業，並表明希望能上他的「兩代電力公司」這個節目，跟觀眾聊聊搭訕這個話題。他彷彿覺得很有興趣似地看了看我的名片，簡單問了我幾個問題，接著告訴我，會把資料轉交給他的製作單位，請他們和我聯繫上節目的事宜。我和康永哥的對話，在這裡就告了一個段落。

大部分的人遇到這樣的情形，心理大概會有兩個反應。第一個是覺得很開心，興奮地幻想自己離上節目那天應該不遠

了；另一種比較悲觀的人大概會想：唉，還是不要太樂觀比較好，誰知道蔡康永會不會只是嘴巴上面說說，敷衍我一下而已？誰會在意我這個無名小卒呢？

結果你猜怎麼著？一個禮拜之後，我果然接到TVBS電視台節目製作單位的電話，想邀請我上一個康永哥和林志玲一起主持的新節目，叫《志永智勇電力學校》！我不只去上了那個節目，還連錄了兩集呢！除了在節目上暢所欲言之外，還因此認識了林志玲。最神奇的是，志玲後來在大連不慎墜馬受傷，該節目因為沒有太多的節目存檔，只好把原本那幾集一再重播，而我上的那集因為話題新穎，被重播的次數算是最高的，靠著媒體的力量，也間接增加了我的知名度。

從這次的經驗不難看出，一個人只要懂得把握機會，毛遂自薦，眼前的任何一件事情，都能成為機會。如果我當時有一點遲疑，在遇到康永哥的時候想太多，在腦中浮現擔心自己表現不好，或者害怕名人也許不會想理我等等自我設限的負面想法，就不會有後來美好的結果發生。因此，隨時具備毛遂自薦的能力，還有適當表達自己的口調，肯定能為你開創更多人生的機會，重點就是要隨時準備好自己，並且勇於嘗試！

➠ 做自己的最佳業務員

要推廣自己的理念，到各個機關團體進行演講，應該是除了寫作出版和媒體曝光以外最好的方式。或許有些讀者已經透過自己的學校和公司聽過我的演講了，但是大家知道我到底是如何到各公司和大專院校演講的呢？很多人一定以為，是因為我已經小有名氣，所以才有機會被邀請到各單位演講。其實完全不是那麼一回事！

大部分的演講，都是我毛遂自薦、主動爭取而來。當我待在台灣的日子裡，每天都會整理出一些公司行號，比如說台積電、聯電，或是宏碁電腦等公司的名單，接著打電話到他們的福利委員會或者人資部門，向部門主管與負責人毛遂自薦，擔任他們的講師或演講貴賓。

學校方面也是一樣！我會主動打電話到學校的生活輔導組或課外活動組，找負責的老師洽談演講事宜，平時逛街若恰好經過某間學校附近，也會進去找到學校負責舉辦演講的老師，聊聊我想和同學們分享的內容。總之，我就像是一個超級業務員，只是別的業務員賣的是公司產品，而我賣的是自己。

但是在我推銷自己的過程中，也發現畢竟自己的知名度不夠，要推廣演講到各機關單位有實際上的困難。我左思右想，

你就是自己的激勵達人　搭訕前，先搞定人生！

終於想到了一個辦法，那就是站在巨人的肩膀上，借力使力。

要如何借力使力呢？這說來很巧。有一次，透過出版社的聯繫，我得知知名作家兼廣播節目主持人王文華大哥，因為看了我的書，想要找我到他在News98廣播電台的節目聊聊。不瞞各位，早在我的書還沒有出版之前，我在另一個公開場合就見過王大哥了。但是那時候自己的書還沒出版，根本沒有毛遂自薦上他節目的理由。由此可見還是要自己先做出一點成績之後，才會有人在旁邊推你一把。

上了王文華大哥的廣播節目，有了一場愉快的對談之後，我打算上他的部落格或網站，留言感謝他邀請我上節目為新書宣傳。我一點進他的網站後才發現：天啊，找他演講的人還真多啊！看著一筆又一筆想找他去演講的機關團體留下來的資料，我忽然靈機一動，決定從當天開始：誰找王文華，我就主動和那些單位聯繫！這樣不就能製造更多的演講機會了嗎？

為什麼我知道是可行的方法呢？因為那些想找王大哥的人，也許提供的價錢太低，王大哥為了以價制量，沒有辦法前往；也許王大哥沒空每天看自己的網頁，所以容易錯過演講邀約的訊息；又或許王大哥平時太忙、行程滿檔，實在沒辦法抽出時間接受所有的邀請。

　　以上種種原因，都會造成想要邀請他演講的單位，面臨找不到講者的窘境。但是，無論如何，活動還是要辦啊！因此，只要我主動與他們聯絡，很容易就會被列入講師的考慮人選。就算他們這次的講題非王文華大哥不可，那下次呢？他們總不會數十年只辦這一場演講和活動吧？只要抓住機會，把我的訊息資料留給他們，就算這次未能成功，還有下次啊！我的理念就是：必須要讓自己被別人看見，而不是等人家主動看見你！

　　正因為這樣的積極行動，我在那一年裡面著實獲得了不少的演講機會，王文華大哥有段時間簡直成了我的衣食父母。大部分的公司因為找不到王文華大哥，又看到我的資料，覺得「沒魚蝦也好」，幾乎都很樂意邀請我去演講。加上我的演講品質不錯，與聽眾的互動頻繁，聽過的人可以說是賓主盡歡，結束後還將我推薦給其他的單位或同公司的其他部門，就這樣一傳十十傳百，日後邀請我演講的單位也漸漸多了起來。

　　換一個角度來看這件事，不知道大家有沒有發現我這樣推薦自己的方式，實在也和搭訕正妹沒有什麼兩樣！正妹就像大公司，也許她們原本想找有錢或又高又帥的型男（這裡王文華大哥

必須要讓自己被別人看見，而不是等人家主動看見你！

你就是自己的激勵達人

對那些公司來說，就像是正妹心目中的型男），但是也許那位型男早就已經有女朋友了（王大哥時間上已經另外有安排），或者眼光太高看不上她（王大哥嫌主辦單位給的價錢太低），也或者最近不想交女朋友（王大哥根本沒上自己的網站所以不知道那些邀請訊息），結果只要你毛遂自薦上前和她說話，她上下將你打量一下，發現你外型和談吐都還不錯，因此願意給你一個機會，說不定交往之後就變成你的女朋友了（從原本鎖定王大哥，到後來狸貓換太子，變成找我去演講），不是嗎？這就是勇敢毛遂自薦的好處啊！

不過若想完成上面那不可能的任務，前提是你必須要先讓自己的能力與特質能夠達到對方的要求，否則不僅當下別人會對你的表現失望，更不可能輾轉介紹，甚至在日後產生口碑行銷，你好不容易跨出的突破，立刻就劃下句點，這絕對不是你所樂見的情形，也是我為什麼一直強調提升自己的重要！因為機會雖然有可能因為運氣而短暫降臨在我們身上，但是不斷出現的機會，卻只有可能降臨在不斷努力的人身上！

機會雖然有可能因為運氣而短暫降臨在我們身上，但是不斷出現的機會，卻只有可能降臨在不斷努力的人身上！

　　在這裡我完全不保留地分享自己努力爭取機會的經驗，希望你們有一天遇到自己非常想要推廣的觀念或產品時，也能本著這種精神和做法，替自己創造更多的機會，同時別忘了感恩，要記得向幫助過你的人道謝，因為這種正面的力量，往往能在交互影響下產生更巨大，也更正面的效果。我因為想感謝王文華大哥，上了他的網站而激發出更有效行銷自己靈感的故事，就是最好的證明。然後我期許各位有一天，當你自己也成為一個主管或能決定別人出路的人時，也試著給別人或後生晚輩一個機會！

3 由內而外改頭換面

強化神經連結，追求最大的快樂，避免極大的痛苦

⟫⟫ 我們一直在追求的，就是一種感覺

根據激勵大師安東尼・羅賓的說法，人生在世，其實一直都在不斷地追求快樂的感覺，並且努力地避免痛苦的感覺。這句話一直被我奉為至理名言，是任意檢驗都能成立的真理，牢不可破。有效運用這種快樂和痛苦所造成的神經連結，能幫助我們強化追求目標的堅定意志，迅速擺脫失敗帶給我們的沮喪心情，而我自己就是最大受益者！

讓我舉幾個例子來說明。活在這個世界上，我們有太多想要擁有，也想要追求的東西。我們也許想要買一棟豪宅，也許想擁有一輛保時捷名車，也許想找到一位美麗的伴侶，也許希望有良好的人際關係……，但深入思考之後你會發現，上面那些能讓我們幸福的「東西」，其實展現出來的都是所謂的「工具價值」（means value），而非「終極價值」（ends value）。

也就是說，我們不見得真的想擁有一棟豪宅、一輛名車、一位伴侶，或者受人歡迎的好人緣，而是想擁有這些東西能夠帶給我們的愉快感覺！住在豪宅裡面，讓我們覺得自己像個帝王，也體會到自己的努力所能獲得回報的滿足感；開著名車，能夠享受著天地任我遨遊的自由感，以及別人欽佩羨慕的眼光帶給我們的虛榮心；跟愛人花前月下、甜言蜜語，能讓我們感

你就是自己的激勵達人

受前所未有的親密感和相知相惜的悸動；總是被親朋好友圍繞著，在快樂或失意時都能有知己家人可以分享，能讓我們浸淫於無限的喜悅與安全感。

這類愉快的感覺，才是我們真正想要得到的東西。房子和車子，換一幢或換一輛就有可能帶給我們同等甚至更好的感覺；與情人無法繼續走下去，也是因為某些事件的發生，導致她無法再帶給我們原本濃烈歡愉的激情；與家人失去和諧或與好友反目成仇時，我們就會希望斷絕與他們的關係，轉而尋求來自其他團體或同儕的慰藉。因此，探索到最後，我們會發現自己在追求的，根本不是某個特定的人、事、物，而是那種快樂的感覺！

同樣的，我們也一直在做許多事情，避免痛苦的感覺！我們在學生時代努力唸書，大多是因為父母警告我們如果不好好用功，將來就會被刷到社會的中下階層，做著勞力密集的工作，還得不到別人尊敬的目光，我們害怕那種情形發生，於是努力學習；我們遵守交通規則專走人行道並且不亂闖紅燈，是因為我們害怕如果發生車禍，輕者受傷殘廢，重者可能半身不遂甚至丟掉性命，或是被警察開罰單的滋味也不好受；也有人就是不願意向自己心儀的人做任何表示，只因為害怕被拒絕的滋味，於是決定只要不愛就不會被傷害……這些都是為了避免

痛苦，所採取的行為。

　　由此可見，人的一生，就是不斷地在追求快樂、避免痛苦。於是，知道這個人生密碼的你，可以如何操作這些感覺，讓自己的情緒更正面、人生更完美呢？

　　首先，如果在心裡面有一個想要達成的目標，就可以利用想像的力量，放大達成該目標之後，所能夠帶給你的快樂。以學習英語為例，最好的方法，就是在心裡強化學好英文後，所能帶給你的快樂感覺，包括同學們羨慕的眼光、談成國外客戶訂單導致業績突飛猛進的成就感，以及能用流利英文和各國正妹搭訕的滿足感……等等，在腦中強化那些畫面和感覺所能帶給你的快樂，就會刺激你在學習英文稍有怠惰的時候，能用這個未來的、想像的快樂，來幫助自己不畏眼前的困難與辛苦，繼續努力不懈。

　　另一方面，還可以強化英文不好所帶給你的痛苦感覺，包括發音不好遭受班上同學嘲笑的羞恥感、課堂上無法回答的困窘與不自在感、工作上因為英語能力不足而被新進同事取代的恐懼感，以及看到自己心儀的外國女性卻只能裹足不前的痛苦與後悔感……等等，把這些痛苦的畫

用這個未來的、想像的快樂，來幫助自己不畏眼前的困難與辛苦，繼續努力不懈。

面和感覺無限放大，然後告訴自己，絕對不要走到那樣痛苦的境地，並利用這些可能的痛苦，來刺激自己當下立刻採取行動。妥善地運用這種快樂與痛苦感覺的神經連結，能讓你在學習英文時，有著比別人更強的決心與毅力。

以我自己為例，看過我的書的朋友，都知道除了國際級的激勵大師之外，我的短程目標就是要當亞洲最棒的國際主持人，不管是美國的比爾‧蓋茲、日本的大前研一、還是韓國的裴勇俊或李英愛等人來到臺灣的時候，我都將能以他們的語言，擔任記者會主持人。雖然這是我腦中建構的畫面，但對我來說，卻是如此的清晰、如此的真實！就是因為我早已在腦中不斷播放這樣的畫面，才讓我更努力地利用時間來加強自己的語文能力。

對我來說，這些還未發生的事件，都是可以預見的，而且隨著我一步一腳印地精進語言能力，那些成功的畫面也越來越真實，如同真實場景上演，我根本就已經以一個隨時能站在台上替各國大人物主持活動的專業人才自居。我早已經做好準備，也很快就要實現這個目標，相信付出努力的你，一定也可以實現屬於自己的目標！

➠ 善用道具來裝備自己

除了利用上述想像的方式，來放大想追求的夢想畫面來鼓勵自己，或者是藉由激化不想看到的畫面以提醒自己絕對不要走到那樣失敗的境地之外，還有一個刺激自己的方法，就是善用所謂的心錨（Anchoring）！

心錨一詞來自於神經語言學。大家有沒有類似的經驗？當我們聞到某種味道的時候，會不自覺地想起過去發生的某件事，我們彷彿感覺在當下忽然回到以前曾經在人生裡面出現過的某個時空，再次體會某個事件。

比如說聞到一種熟悉的炒菜香時，就讓我們想起小時候外婆或奶奶的料理，也回憶起當時天真無邪的日子，臉上立刻泛起滿足的笑容，即使當下的我們原本可能快步走在大街上，並正為了公司的業績而眉頭深鎖；當我們因為某件事而難過時，因為聽到一首很久沒有聽到的音樂，而那正是自己當年在大學參加歌唱比賽時獲得冠軍的曲子，於是思緒流轉，又回到了得獎當下那歡欣鼓舞的氣氛，暫時忘記眼前難過的事情，一回過神來，便覺得心情也沒有那麼不快；遇到挫折失敗後躲在家裡看電視，想短暫逃避痛苦的打擊，卻不經意轉到HBO電影台，看到它正在重播《洛基》這部關於拳擊的勵志老片，看著

男主角史特龍一次又一次地被擊倒，卻又一次一次地再站起來，我們的精神彷彿也被史特龍附身一樣，忽然覺得自己這次小小的失敗，根本就微不足道⋯⋯

沒錯！前述這些透過嗅覺、聽覺、視覺等途徑所帶給我們的感覺，就是所謂的心錨，它們幾乎能做到瞬間轉換情緒的功效！知道這一點我的我們，能不好好利用嗎？

假設在國外的我們突然想家的時候，是不是能馬上去一家有媽媽味道的餐館一飽口福，或自己下廚慰勞自己，同時一解鄉愁、轉換思鄉情緒，再繼續為了攻讀學位而繼續努力？

隨時準備幾首振奮人心，或一聽到就會讓我們精神為之一振的音樂，在我們挫敗的時候，立刻把它們拿出來聽，藉由音樂來激勵我們頹廢的心靈！我就很喜歡在遇到挫折的時候，一邊放著洛基的音樂，一邊運動，結束之後，彷彿覺得自己有天神加持，什麼挫折都無法難倒我一樣！

考試或找工作面試不如意的時候，趕快上網將林義傑的勵志短片播放一遍（請點擊連結：http://myurl.com.tw/mh13），藉由他的精神鼓勵自己，也砥礪自己不要輕易放棄，短暫休息立刻奮起，再為下一次的競爭做準備。當我們知道如何有效運用心錨來控制自己的心緒時，幾乎就能讓自己處於「無敵」的狀態，從此你將再也不會有情緒低潮的時候，永遠都能自信滿

滿，準備迎向光明的未來！

前立法委員沈富雄曾經說，他自己是個極度的樂觀主義者，每天夜晚都懷著捨不得今天就要結束的心情上床睡覺，到隔天早

有效運用心錨來控制自己的心緒時，幾乎就能讓自己處於「無敵」的狀態，從此你將再也不會有情緒低潮的時候。

上張開眼睛時，再抱著興奮期待的心情來迎接新的一天。能夠妥善利用心錨來控制自己心緒的你，也同樣能擁有像他一樣的快樂人生。自己每一天的心情，本來就是自己可以決定的啊！

身體影響心理，心理影響身體

生理會影響心理，心理會影響生理，這是一個大家都聽過也都知道的道理。不過，與其他許多至理名言一樣，雖然知道，但卻沒有打從心裡相信，更未採取實際的行動執行。前述的心錨是藉由外在的小道具激勵自己，但其實我們自己的身體與精神，就是可以用來激勵自己，不假外求的最佳工具！

有沒有過這樣的經驗？當你遭遇到挫折或失敗的時候，你在外顯行為上有什麼表現？是不是傾向於低頭沉思、眉頭深鎖、步履短促、呼吸急促，甚至彎腰駝背呢？當你在某件事情上成功的時候，是不是自然就抬頭挺胸、箭步如飛、走路有

風，充滿微笑，眼睛炯炯有神呢？

　　在知道生理與心理之間的交互影響之後，當我們在未來遭遇挫折或失敗時，原本打算照著過去的經驗與教育，擺出一付墮落樣子的我們，此時應該反其道而行！明明該彎腰駝背，此時應該要抬頭挺胸；明明該唉聲嘆氣，此時應該要大口呼吸；明明會眉頭深鎖，此時應該要微笑抬頭；明明灰心喪志，什麼都不想做，此時應該要跟朋友去吃香喝辣、飽餐一頓！

　　這就是一種逆向操作，藉由生理上的積極，帶動心理上的積極。當你微笑的時候，說也奇怪，就不容易在腦中產生負面思考，不信你當下就可以闔上書本試試看：

　　請試著抬頭挺胸，面帶微笑，然後開始想著剛才的失敗。如何？很難想的起來吧？當你一想到並準備陷入自憐自哀的悲慘心理狀況時，是不是臉上的笑容會突然不見呢？原本鼓起的胸膛又像洩氣的皮球般縮了下去？此時只要提醒自己，再努力擠出笑容，並奮力抬頭挺胸，就可以回復到正面思考的態度。這就是生理影響心理的最佳證明！多跟自己的心理和生理玩幾次這種交互影響的遊戲，就會對掌握生理影響心理的關鍵祕密，深信不疑！

⇒ 讓自己的身體習慣自信的態勢

　　既然我們知道生理能如此深刻地影響心理，那麼就要讓自己的身體養成良好的習慣，讓良好的行為習慣與健康的身體，幫助我們在心理上永遠保持巔峰的狀態。平時坐著的時候，就想辦法讓自己的身體占滿整個座椅，讓自己的雙手扶在椅把上，挺直背脊靠在椅背上，一副自己就是掌握全局的主帥一樣，眼神要炯炯有神，凝視著前方，感覺自己就是一位運籌帷幄，手握千億資金的大老闆。

　　同時，站著的時候，也要永遠抬頭挺胸、縮小腹、收下巴、眼睛直視前方。對這種站姿不太清楚的朋友，可以幻想自己是湯姆克魯斯或劉德華，請回憶一下他們在出席任何電影宣傳活動或媒體晚會時，都是怎麼站的，並幻想自己就是他們，也像他們一樣意氣風發地站在那裡。另外，還可以參考所有好萊塢電影裡面，那些保鏢或特勤人員的站姿與眼神，都能讓你充滿魅力，同時韓劇《All In：洛城生死戀》裡面韓星李秉憲的站姿和眼神，也是大家可以仿效的對象。

　　走路的時候，快步走比慢步走能讓人更精力充沛，這不只是做給別人看，而是當你的身體快速地動起來時，思考也會變得比較積極。所以我建議大家在遭遇挫折失敗或情緒低落時，

你就是自己的激勵達人

搭訕前，
先搞定人生！

> 只要讓身體動起來腦子同時也會動起來，而且是往積極正面的方向去思考。

更要去運動，不管是爬山、游泳還是跑步，只要讓身體動起來，說也奇怪，你的腦子同時也會動起來，而且是往積極正面的方向去思考。

當你從平時的坐姿、站姿還有走路，都開始往積極的道路上邁進之後，在心理上自然也會更加活躍，然後又會正向循環地引導你的身體更加積極地去採取正面的行為，這樣交錯循環之後，你從此幾乎沒有負面思考的機會了。

另外，有很多朋友問我，還有什麼能夠訓練自己自信的訣竅？在此跟大家分享兩個我自己摸索出來的心得。我從來不相信有事情能速成，但是我介紹的方法，大家只要照做，並堅持下去，在三個月內必能看到一定的效果。首先是藉由積極參與各種公開的活動，來強化自己的自信。另外，語言能力和健康強壯的體魄也是自信的基礎，若能做到這些，自然就能成為自信且成功的人。

在不同的場合中，以發問來訓練自己的自信

在開始訓練自己自信指數的第一個月裡面，請大家在參加

任何一項活動，包括演講、表演、上課或公司開會等等場合裡面，都坐在全場正中央最醒目的座位。那個位子，通常是面對講者或舞台最前面，也最中間的位子。只要發現沒有人坐，或者沒有被標示為保留席，請不要客氣一屁股坐下去。如果貴賓席在活動開始後被空出來，你更應該一馬當先地去坐那個位子！

為什麼我說坐貴賓席能增加自己的自信呢？因為，我們大部分的人都在潛移默化之中被教育，在人群之中，千萬不要太醒目，更不要異於常人；在這種「謙虛教育」的影響之下，大部分的人都羞於展現自己的與眾不同，更別說是自信了。

影響所及，我們看到大部分的人在進入一個活動會場時，都會盡量選擇最角落最靠旁邊的位子，它除了讓我們好睡覺、好撒尿、好落跑之外，也不容易被台上的講師點到，避免自己出糗的機會。

請注意我的用詞，是「出糗」的機會，而非「表現」的機會。也就是說習慣於坐在不醒目位子的人，在心態上已經認定自己的表現一定會不理想，心理影響生理，拒絕把自己擺在醒目的位置，時間一久，這樣的人便不敢表達意見，也更不敢參與討論，平白放棄自己的發言權與積極參與權。

因此我要大家在第一個月裡，訓練自己敢坐在會場中最醒目的位子，讓自己在心理上承受被別人盯著看的壓力。另外，

你就是自己的激勵達人

搭訕前，
先搞定人生！

請大家在聽到講者說出令人激賞的論點時，立刻試著與他（她）四目相接，給對方一個讚美與肯定的微笑。這樣除了是一個訓練你敢跟地位、學識或能力都比你強的人四目相交之外，還有一個好處，就是如果你是學生，教授會覺得你是個認真聽講的好學生，如果你是個職員，主管也會覺得你是一個認真參與的好員工——即使當下你的腦中完全在想其他的事情，他們也不知道！但是我保證，一個月後，你的自信便已開始萌芽。

在第二個月裡面，請大家除了在公開的場合裡，坐在最醒目的位子之外，這個月的訓練，主要在增進大家提問的能力。但是，從來不敢在大家面前開口的你，又怎麼敢問問題呢？其實你一定可以，只是以前不知道什麼是克服恐懼的絕招。在此提供大家一個無敵的偷吃步方法。

當台上的講者說到十五分鐘左右的時候，如果你發現自己對演講的內容有疑問的話（這時為了訓練自己，沒有也要硬擠出一個），請馬上拿紙和筆把它寫下來。例如，在聽我的演講

請大家在聽到講者說出令人激賞的論點時，立刻試著與他（她）四目相接，給對方一個讚美與肯定的微笑。

時，如果你想問我：「請問匡宇，為什麼你會想提倡搭訕呢？」的時候，立刻用筆和紙將這個問題記錄下來，並在剩下的四十五分鐘裡面（假設演

講是一個小時），你根本不必管台上的人在說什麼，一直反覆地背誦你想要提出的問題，並且在腦中幻想你問這個問題時，將受到其他觀眾矚目的畫面。

等講者一結束演講，問底下的人有沒有問題的時候，馬上舉手，把自己準備了四十五分鐘反覆背誦的問題，站起來並大聲地問出來。這是一個你不會出錯，而且穩賺不賠的事，因為，你已經花了四十五分鐘來背誦一個問題，我不相信以大家的聰明才智，還會結結巴巴，甚至出錯！藉由這樣的訓練，不但強迫自己必須接受旁人目光的聚焦，還得展現在大庭廣眾之下發言的能力。一個月後，在大眾面前說話的自信與口調，自然有所提升。

在做這個訓練的時候請注意，舉手問問題的速度要快，一定要當第一個舉手問問題的人。我們很多人在一開始不習慣這樣的訓練，會覺得自己是強出頭，好像搶了別人的機會，於是舉手前還會先看看其他人是不是也有問題，想把機會先讓給別人。問題是，通常當有人開了問問題的先例之後，大家都開始敢問題了，當主持人再問還有沒有問題時，其他人都會搶著舉手，這時更輪不到你。因此請勇敢地當那開第一槍的人，你也會自然而然成為全場繼主講人之外，最受矚目的焦點人物！

第三個月裡面，跟前兩個月一樣，繼續坐在最醒目的位

置，然後提出問題。不同的是，這個月問的問題，要比上一個月更上一層樓。我們都知道，問問題其實有兩種問法，一種是我上面描述的「請問匡宇，你為什麼會想提倡搭訕呢？」那種簡單直述式的問題；而另外一種問題是像這樣：「請問匡宇，你為什麼會想提倡搭訕呢？因為我們從小到大受到的教育，都是叫我們不要跟陌生人說話，你為何有勇氣，做出有別於傳統的事？雖然我個人非常想搭訕，但是心理還有很強的道德束縛，請問你如何說服自己，搭訕是一件應該做的事呢？」各位看出這中間的異同點嗎？

第二種問問題的方法，在問題中加入自己的觀念和想法，而不是一個單純的詢問式問句。這第二種問題句型，需要的是你在除了單純的問題之外，再加上邏輯的敘述，以及自我觀念的整合，只要一提問，就能充分展現你的氣勢和個人風格，也馬上成為全場的焦點。最重要的是，你不會犯錯！因為跟第二個月一樣，你已經花了四十五分鐘，充分準備了這個加入自我觀念陳述的問題，在發表的時候，一定能夠遊刃有餘。最好在準備問題的時候，還強

> 在問題中加入自己的觀念和想法，而不是一個單純的詢問式問句只要一提問，就能充分展現你的氣勢和個人風格，也馬上成為全場的焦點。

化腦中那個一問完問題以後，接受眾人鼓掌讚美的畫面，以激發自己問問題的勇氣，以及提出問題時能流暢表達的自信。

　　藉由前述介紹的口語表達以及在大庭廣眾之下發言的訓練，每個人一定都能慢慢讓自己往成為公眾說話高手的路上邁進。當你的表達能力提升之後，不論在任何場合，都能夠展現表達方面的優勢，從此在業務上能贏得客戶的信任，在聯誼時能加深異性對你的好感，這種能力絕對能為個人魅力加分！

⇥ 健身和學習語言，累積別人無法剝奪的個人資產

　　大家有沒有發現，很多時候，自信的累積，是由於我們被稱讚、接收到他人羨慕的眼光，而增加了自信呢？問題是在大部分的情形裡面，別人不見得會給我們讚許的眼光，或者是給我們正面的回應，那麼期待藉由他人正面回應來建立自我信心的我們，豈不是容易感到極大的挫折嗎？

　　於是，我幫大家歸納出了兩個只需自己努力就能建立自信的方法，那就是健身與學習語言。

　　講到健身，很多人認為一定要花錢到健身房，其實完全不是那麼一回事。有錢人有他的健身方法，窮人也有自己的健身方法，只要能讓自己進步，就是好方法。沒有錢去健身房，可

你就是自己的激勵達人

以在家裡或是公園，自己做伏地挺身、仰臥起坐與原地跳躍等等完全免費又極度耗費體力的運動，它們都能有效地增加肌肉的發達與硬度。

健身的好處，在於它完全是一種對自己的挑戰與競賽。假設我們以增大二頭肌為目標，只要訂出計畫，每天持之以恆，一天比一天多舉幾次啞鈴，一次比一次加重一些，肌肉自然就會變大，看著它變大，自己就會更有信心，想要再繼續鍛練，感受到這種付出努力後得到收穫的感覺，便容易告訴自己：原來我真的有完成夢想的能力！

請不要輕視一個小小的行為所累積出來的自信，它可以影響你整個人生。你接著會想：我居然成功地把二十年來都看不到的肌肉給訓練出來了，那麼要完成另一件事（早睡早起、每天跑五公里、通過全民英語檢定、考上公務員資格……）應該也不是問題吧？於是你會帶著完成上一件事情的自信，來完成下一個目標。自信，就是透過這樣不斷設定目標、再達成目標，而漸漸累積出來的。

當年我在美國寫博士畢業論文的時候，就是靠著不斷回想1997年在「青訪團」受訓的日子來激勵自己，告訴自己那麼艱辛的日子都可以熬過來，人生還有什麼難關是我不能克服的？

回到台灣成為作家之後，每次寫作新書覺得遇到瓶頸無法

繼續，害怕作品會難產的時候我也告訴自己，既然當年連用英文寫七萬字的博士論文如此艱難的任務都能完成，那麼現在用中文寫一部七萬字的作品又算什麼？就這樣不斷用過去的榮耀砥礪當下遇到困難的自己，我完成了一部又一部的作品，再靠著這種一次又一次的小成功，來鼓舞自己的下一次成功。

每個人，都應該在記憶裡面有一些足以讓自己自豪的小成功，千萬不要認為那也沒有什麼了不起，而要好好利用它們，成為推進自己不斷前行的動力！今天比昨天早起了半小時，是一種小成功；今天比昨天多跑了一公里，是一種小成功；今天比昨天多認識了十個英文單字，是一個小成功；今天比昨天多拜訪了五位客戶，也是一種小成功……。就讓自己被這種不斷累積出來的小成功給催眠，相信自己的明天，一定能夠開創出比今天的自己更好一點的成就！

語言這個東西很神奇，只要你真的每天都下功夫去努力學習，創造出屬於自己的外語環境，三個月內突然就能聽得懂，五個月後自然就能慢慢開口了。

另外要與讀者分享的是，我認為學習語言也是一個培養自信的好方法。有鑑於英語仍然是世界上最通用的語言，每個人除了我們自己的母語以外，都應該要把英語學好，這不僅是吸收資訊的方法，也能為自己尋找更多的工作機會。

　　而且你會很驚訝地發現，語言這個東西很神奇，只要你真的每天都下功夫去努力學習，創造出屬於自己的外語環境，三個月內突然就能聽得懂，五個月後自然就能慢慢開口了。同時隨著你開始能夠運用這個語言和他人交談，會對這個語言更有興趣，於是付出更多努力學習，自信也跟著加強。

　　特別是，如果你有機會在上司或同事面前，展現英語實力時，藉由別人羨慕的眼光，更能無限提升你的自信。因此我特別推薦以語言為培養自信的方法，而且在這個過程裡面，你要比較競爭的對象是自己，不是別人！關於更詳盡學好英語的方法，請點擊以下連結：

http://www.wretch.cc.blog/DrPickup/7787231以及

http://www.wretch.cc/blog/DrPickup/8772423

　　如果我們把銷售的業績視為累積自信的標準，那麼只要幾個客戶拒絕我們、達不到目標，自信指數就有可能下降，因為這結果操之在別人；但是健身和語言卻不同，只要付出努力，那麼所有的收穫，都將屬於自己，而且沒有人能奪走，成為我們一生的寶貴資產，而且是能夠「自慢」的資產！如果要問我有沒有什麼自信的保證，我要說，憑自己努力訓練出來的自信，就是自信的保證，而掌握它們的致勝關鍵，原本就是我們與生俱來的天賦啊！

4 小時了了，大未必佳

善用美麗的誤會與謊言，全面提升自信心

⇒ 美麗的錯誤，可以是鼓勵自己的基石

從小到大，我就不是一個非常優秀的學生，特別是小時候，根本就是調皮搗蛋，令老師頭痛的人物。全班同學被規定要早一點到學校早自習，我卻被老師告知不必那麼早到學校，免得打擾其他同學認真念書的氣氛。

我永遠記得，進小學後第一次的國文考試，只拿了十分！那時的我根本不知道世界上還有考試這回事，胡里胡塗地就交卷了，那國文只拿十分的故事至今都還是我老爸茶餘飯後講笑話的題材。

有了考試只拿十分的恥辱之後，我發誓一定要努力唸書，卻發現小學段考要有好成績還真難！雖然當時我愛打躲避球，愛跟朋友出去玩也是事實，不過應該無礙「天資聰穎」的我在學業上贏得佳績吧？但是，事與願違！

第一次段考，我就告訴自己一定要考第一名！結果我考了全班第三十五名，而當時班上的同學總數是四十名。之後每一次的段考，我都期許自己要考第一名，不過只是換來一次又一次的失望，自己的成績永遠都排在全班三十名之後。

上了三年級，學校重新進行分班（那時的小學每兩年重新編班一次），我覺得機會來了，心想也許是我以前的班級高手

太多，大家都很會考試，所以成績一直無法名列前茅，現在既然到了新的班級，新學期新開始，也有了新希望，於是又告訴自己這次一定要考第一名！

成績出來，當時分到三年三班的我，居然就考了個三十三名！依照我不死心的個性，第二次段考不免俗地又下定要考第一名的決心，結果考了三十四名，不進反退！老爸揍我都快揍到麻木了，而我也很奇怪，明明跟第一名的距離遙遠，怎麼還老是想考第一名？現在回想起來，原來自己那不服輸的個性，和偏要拿第一名的性格，從小學開始就根深蒂固、堅若磐石啊！

接著說也奇怪，四年級快結束的時候，最後一次段考，我居然考了全班第二十名，這對老是排在三十幾名的我來說，算是莫大的鼓勵。五年級重新編到另一個新班級，不知怎麼地，從此以後，我在班上的成績，就從來沒有退出前五名，一直維持到我進大學之前！

大家一定覺得很奇怪，鄭匡宇你是突然開竅理解念書的方法嗎？怎麼能如此突飛猛進呢？我分析後發現，我念書的方式一直沒變！從小學一年級開始一直到取到博士學位，我都喜歡把課本從頭到尾看一遍之後，用紅筆畫下自己覺得是重點的地方，在我準備考試時，只看我覺得是重點的部分。因為我覺得既然不是重點，就根本不該出現在老師出題的問卷裡面。

　　但因為小時候的課本內容少，沒有什麼重點，考來考去不過就是那些東西，老師為了分出高下，只好考些綠豆蒜皮、毫不重要的問題。我印象中最誇張的一次，是在我三年級社會科的考試裡面，居然問我們課文中所提到實施里民投票的社區，叫什麼名字？教材裡面編造出來的社區名稱，也可以拿來當成考試題目啊？正在看這本書的各位，小時候應該也遇過這類的「鳥試題」吧？

　　於是細心的女孩子，還有某些把整本課本讀熟的男生，在小學期間自然就占了上風！只不過隨著升上高年級，課本的內容變多變深了，原來靠死背的孩子，再也無法自己選擇重點，或者是記憶力已經不能掌握整本書的內容，又不能靈活運用融會貫通，便容易在考試中敗下陣來！

　　我的讀書方式始終如一，但卻因為能抓到重點，所以在升上高年級乃至國中高中後能繼續存活下來，想想真的不是我變聰明了，只是因為我會抓重點而已！不過有時候我還會想，自己從五年級開始在班上名列前茅，增加了自信，到後來一路維持這種課業上的水準到大學，也許根本就是一連串的誤會與錯誤造成的美好結局！

　　怎麼說呢？我記得在五、六年級時，每次段考或期末考結束，班上前十名的同學成績出來之後，班導師都會不假辭色地

告訴前幾名的我們，叫我們不要太得意，因為我們班的成績實在太差了，完全不能跟隔壁班比。別班的第三甚至第五名的成績，都比我們班第一名的成績要好。

不過，沉醉在班上前幾名光環的我，怎麼聽得進老師說的話？我發現，有時候孩子就是需要這種不小心製造出來的假象，讓他誤以為自己真的很不錯，才能繼續激發潛能，不斷挑戰自己，創造更好的成績。

在「爛班」又怎麼樣？「寧為雞首不為牛後」，我在「爛班」所培養的自信，導致我相信自己的能力，日後即使分到了所謂比較強的班級，我還是覺得自己就該是一個全班前五名的料，並且持續維持，有進無退！

從這種思維進一步延伸，我真的懷疑，除了我在國小高年級、國中三年、高中三年，似乎都是在所謂的「爛班」稱霸之外，我看自己當年在大學時第一次去參加全國大專演講比賽得到冠軍，到第二年再連莊一次冠軍的榮耀，也許根本也是因為當時我的競爭對手太弱，而不是因為我的實力堅強！

但那又怎麼樣？第一次拿到冠軍已經加強了我的信心，

> 有時候孩子就是需要這種不小心製造出來的假象，讓他以為自己真的很不錯，才能繼續激發潛能，不斷挑戰自己，創造更好的成績。

第二次又連莊，從此以後我真以為自己是個演講高手了！我就繼續帶著這個也許是誤會與錯誤培養出來的自信，在未來的日子裡過關斬將，再也沒有遇過任何對手，也再也沒有上臺說話的恐懼！

千萬別以為這種好事只會發生在我身上！曾任微軟大中華區總裁，現任Google亞洲區總裁的李開復先生，小時候也有類似的經驗！他剛移民到美國的時候，因為對英文一竅不通，上課根本聽不懂老師在說什麼，又沒有足夠的語言能力問老師問題，所以被老師和其他同學當成是個「笨蛋」，上課只能打瞌睡或夢周公。因為在課業上毫無表現，老師對他沒有什麼好印象，同學也不怎麼跟他來往，造成他有點孤僻害羞的個性。

突然有一天，在上數學課的時候，老師問大家一個問題：「有沒有同學知道 π （圓周率）是多少」？全班同學頓時鴉雀無聲。李開復一看這個題目，不正是唸小學的時候，硬被老師逼著死背下來的圓周率嗎？於是他靦腆地舉起手，告訴大家：「$\pi = 3.1415926535$」！一說完，不只同學，連老師都驚訝地瞠目結舌！老師大大讚嘆李開復簡直就是一個天才，光靠目測就能說出小數點後面十位數字，未來一定是個數學界的巨星！

被老師稱讚，李開復不禁覺得有點飄飄然，還真的以為自己就是數學天才了！於是在往後的日子裡面，他更醉心於數

你就是自己的激勵達人

學，又因為語言能力漸漸提升，他在各科的成績都突飛猛進，成了全校的第一名。有了自信之後，連友誼都隨之而來了。

當時那位老師哪裡知道，在亞洲，幾乎每一位學生都被要求必須死背圓周率，李開復根本不是什麼數學奇才。但正因為這樣的誤解與巧合，帶給李開復無比的自信，也改變了他的人生！所以，當我們有機會被這種美麗的誤解籠罩的時候，別急著宣告這沒有什麼，並要大家不要被這個假象騙了！我們應該催眠自己真的有什麼、趁勢而為，徹底改變自己，發揮全部的潛能。

美國父母在這方面就做得比亞洲父母要好的多！亞洲的父母總是拿自己的高標準來要求孩子，孩子考九十八分就質問他（她）為什麼丟了那兩分；美國的父母總會讚美自己孩子一點點小小的成就，讓孩子還真以為自己有多麼優秀！

類似的情形我在美國真的是見多了！在一些美國小學的公演裡面，那些孩子說實在的，跳舞跳得難看極了，可是他們的父母卻還猛鼓掌一直喊Encore（安可）！大家別看這樣小小的動作，對孩子來說正是莫大的鼓舞！他們會真的以為自己的表現優異，並且為了得到更多人的讚美，而在舞蹈方面下功夫，又因為付出了時間和努力，自然就能真正的進步，原本只是小時候父母的善意謊言，竟然在這樣的操作下變成了事實！這種

謊言，多麼的美好啊！

　　我知道很多人看到這裡，一定會開始埋怨自己的父母，為什麼沒有在自己小的時候也多給自己鼓勵，用這種善意的謊言來加強自己的自信？不過我要說：「逝者已矣，來者可追」，父母沒有好好教育我們，已經長大的我們，卻可以從新教育自己！靠自己的力量鼓勵自己，相信這次的表現不夠好，至少學到經驗和修正的方法，努力在下次的競爭或表演時做出最好的表現。從現在開始鼓舞自己，永遠不會太遲！

　　或許你也想問我，我會這麼有自信，是不是因為我的父母也同樣運用連拐帶騙，溫馨激勵的方式來鼓舞我呢？完全沒有這回事！小時候我的父親就像是斯巴達的暴君，母親則是安慰我的避風港，並沒有比別人多說什麼特別的鼓勵話語。

　　但是我永遠記得，父親雖然會對我又打又罵，但總是叫我再試一次，失敗了再試一次，這個方法不行，就用別的方法再試一次！於是，我的哥哥小時候曾因籃球老投不進籃框，他哭著也要把球投進去才肯回家；我一次又一次考三十幾名，卻仍然不願意接受自己是個失敗者的事實，只想著要考第一名！結果，

> 靠自己的力量鼓勵自己，相信這次的表現不夠好，至少學到經驗和修正的方法，努力在下次的競爭或表演是做出最好的表現。

搭訕前，
先搞定人生！

拿到第一名的背後所要付出的，就是不服輸、堅持到底，以及勇於嘗試的精神。

我終於在國中拿到我生平唯一一次的全班第一名，在大學拿到演講比賽的第一名，也在畢業後拿到公費考試第一名！

一個平凡家庭的孩子，也能夠因為自己不服輸的個性，拿到夢寐以求的第一名。我想每個人都一樣，都希望在自己有興趣的領域裡面可以稱王、成為第一名！那麼，在這最後能拿到第一名的背後所要付出的，就是不服輸、堅持到底，以及勇於嘗試的精神。

就這樣，五年級之後，我一直在班上維持前五名，上了石牌國中，進了成功高中，畢業於政治大學。這一路看來，雖然好像是中上，但也不是什麼成績最優秀的學生，完全不能跟我那一路建中，又第一志願上台大物理學系的老哥相比。

像這樣一個完全不是真正優秀的學生，到底是怎麼考上人人擠破頭的公費留學呢？就讓我來跟大家分析這其中的奧義！

⫸ 結合興趣與機巧，避開競爭的窄門

說到公費留學考試這件事，也真的是另一個把天方夜譚化為現實的傳奇，要說到它的緣起，不得不介紹一下我老爸。

　　我老爸是一個百分百的「老芋頭」，當年跟著蔣介石的軍隊來到台灣，先當了十年不打仗的兵，退伍後考上大學，之後從事新聞業，自詡忠黨愛國，連總統大選前都會含著淚叫我一定要回國投馬英九。他有著非常傳統的中國士大夫思維，從小就告訴我和哥哥：「我不要你們有錢，也不要你們有名，就給我拿個博士學位回來，因為我當年和你媽都沒有足夠的經濟條件可以出國，所以現在再苦都要讓你們出國拿學位！」

　　你看到這裡或許覺得很感人，可是千萬不要被這種甜言蜜語給騙了。照道理說既然想要把孩子送出國，就應該好好賺錢存錢不是嗎？他沒有！事業失敗之後，還是不願意去上班領固定薪水，偏要自己當老闆，繼續他那不賺錢的雜誌社。僅管如此，他本著「又要馬兒好，又要馬兒不吃草」的精神，覺得既然家裡付不出留學經費，不如逼孩子考公費留學，一舉數得。

　　於是，我哥哥大學一畢業，老爸就告訴他，要好好準備公費留學。但是，公費留學豈是那麼好考？你想要拿國家的錢出國留學，別人難道就不想拿國家的錢出國留學嗎？你家裡環境不好但是有留學夢，還有更多人家境清寒，卻同樣有著鴻鵠之志啊！

　　所以公費考試絕對是一場非常難打的硬仗！為了能在這場考試裡勝出，我們家人著實進行了幾場極為嚴肅的討論。首先

我們發現，公費考試的每一類別，都只錄取一個名額，熱門科目競爭激烈，冷門科目則是陌生的不知如何準備。雖然公費考試也有物理相關的類別，但是那我台大物理畢業的老哥知道，要拿他的實力跟那些真正厲害的物理怪物來比，還差得遠了！於是，再仔細搜尋，深思熟慮之後，他決定報考「運動訓練法」這個科目！

為什麼報考運動訓練法呢？當然這是有多重考量的。第一，它符合我哥哥的興趣。我哥從讀建中開始，就一直是國術社的成員，進了台大之後創辦體操社，今年三十好幾了還可以後空翻，甚至還曾在全國大專武術比賽中名列前茅。

第二個重要的原因，是因為我們仔細分析過，報考這個科目的，應該都是來自體育相關背景的學生，但這些運動員在筆試上的能力（公費留學只考筆試），絕對比不過一路讀建中、台大的哥哥，因此這是他最能脫穎而出的考試類別。拍板定案後，我哥就開始針對考試進行準備。

考試成績公布之後，雖然他的專業科目有一科只拿了10分，但是其他國文、英文、歷史地理、憲法，以及另外一科專業科目的成績都相當不錯，因此順利地被錄取，成為那年公費留學「運動訓練法」科目的公費留學生！他後來先在密西根安娜堡大學（University of Michigan, Ann Arbor）拿到了運動訓練

法和機械的雙碩士，接著到加州大學戴維斯分校（UC Davis）拿到了機械與航太博士，主要的研究著重於人體與力學和機械方面的相關應用，目前任教於國立成功大學。

哥哥順利考上之後，老爸的主意就打到我頭上，他認為既然大兒子可以考上公費留學，小兒子也沒有考不上的道理（你說我很會做夢幻式的神經連結，我看我老爸才是箇中翹楚吧！）於是，從我大二開始，就開始不停地潛移默化、疲勞轟炸，告訴我考上公費有多麼地好、多麼地重要！

廢話！我會不知道考上公費有多麼地好、多麼地重要嗎？問題是剛升上大二的我，才經歷大學聯考不如意，以及兩次轉學考沒有成功的挫敗，於對考試這件事，有著既期待又怕受傷害的情結（complex）。我真的不知道自己有沒有考試成功的能力與運氣，於是我試著告訴老爸，很多時候有些事情是要靠運氣的，不是我說能做到，就能做到。

不過你認為「老芋頭兼大老粗」的他，會接受我的說法嗎？我看他對自己沒多大的自信，卻有著偏要兒子成功的迷信！於是，他在剩下的兩年多裡面，持續地嘮嘮叨叨，而我也繼續那希望能有所作為，卻又不敢抱著太大期待的複雜情結。

一件事情的成功改變了我，那就是預官考試！

預官考試從我報考的前一年開始，因為開放碩士就是當然

預官的名額出來，於是從原本非常艱難的考試，變成只要努力準備，就人人都有機會的公平考試。老爸從我大二開始，除了叫我考公費留學之外，還希望我能考上預官。

為什麼？原因只是他覺得我們家的孩子不能當兵，一定要當官！另外，當預官的薪水是當兵的三倍，還能有自己的時間準備公費留學的考試；如果當兵，不但可能被老兵欺負，自訟時還有可能受到同僚的冷嘲熱諷，甚至從此開始對你攻擊排擠，這就是他要我考預官的主要理由。

我何嘗不想考上預官，但如同我之前說的，我害怕那種期待自己錄取的心情，會再次因為失敗而受到打擊。但是，我在準備預官考試的時候，不斷想起我哥哥告訴我的：預官考試這個東西，跟你以前唸什麼學校，一點關係也沒有，只跟你現在的準備和努力有關係！只要努力準備，即使是默默無聞的學校畢業的學生都可以金榜題名；完全不準備，就算是台大的學生，一樣會名落孫山！

就因為這樣的信念，我努力地準備預官考試！考完試的當天，就有一定會考上的信心！過了幾個星期考試結果出來，可以打電話到學校教官室詢問錄取與否的那天下午，我懷著忐忑不安的心情，撥了通電話到政大的教官室。在我告訴教官我是哲學系的同學，但連名字都還沒報出來的時候，電話那頭立刻

傳來：「哦！哲學系啊！哲學系沒有人考上」！

我一聽，當下頭皮一陣發麻，心裡當然是大失所望。

但才不過半秒鐘的時間，我突然聽到電話的那頭另外一位教官傳來的聲音：「等一下，哲學系，有啊！鄭匡宇！鄭匡宇考上了政戰官！」

如果要說人生有感動的時刻，那麼我要說，從原本以為自己落榜，到聽見自己榜上有名的心情起伏，就是大學時最令我感動的時刻之一。那一刻我才體會到，什麼是從谷底翻身，直奔天堂的喜悅。原本接我電話的教官後來跟我道歉，說因為哲學系多年來從來沒有人考上，所以他以為今年也沒有人考上，他對自己的誤報感到很抱歉。你覺得我會埋怨那位教官嗎？當然不會！但是，這件事情，給了我很深的啟發。

當年我在大一和大二的時候，曾經問過我歷史系和哲學系的學長們，畢業前有沒有考預官？他們斬釘截鐵地告訴我，要考上預官太難了，根本就是不可能的任務，因為名額太少，所以他們覺得不必浪費時間去考，反正不過是當砲灰罷了。當時我對他們的說法半信半疑，也對學長們還沒嘗試，就先宣告自己的失敗感到不解。

在我自己努力準備預官考試，並且金榜題名的時候，我才知道，原來在人生中有太多的事情，當別人告訴我們，我們做

不到，或者不要去做免得浪費時間又不會成功的時候，不是因為我們真的做不到，而是因為他們自己做不到，就以為別人也做不到！但是，他們不是我們，憑什麼說我們做不到？我們也不是他們，憑什麼看到別人失敗，就覺得自己一定會失敗？

　　特別是，前一次的失敗，甚至前一分鐘的失敗，都不會註定你這一刻同樣會失敗；就算這一刻失敗了，也不代表你未來就一定會失敗！這之間沒有任何必然的因果關係，但可以確定的是，如果沒有從每一次的失敗裡面記取教訓，那麼繼續失敗，甚至完全失去再前進的機會，都是非常有可能發生的情形。只有不斷地採取行動，才是攫取下一次成功的保證！

　　另外，有很多我們自己想要做到的事情，如果看到別人順利做到了，我們不應該嫉妒、也不必羨慕，而是要觀察分析別人如何做到，並且相信自己只要努力，就一定可以像他們一樣！放大別人的優點，學習別人的經驗，不要輕易被懷疑嫉妒的負面思考給蒙蔽，錯失提升自我的契機。

> 如果沒有從每一次的失敗裡面記取教訓，那麼繼續失敗，甚至完全失去再前進的機會，都是非常有可能發生的情形。

　　說真的，考上預官對很多人來說，或許沒有什麼了不起，但是對我來說，就像是李開復的老師稱讚他的數學能力

一樣，大大增加了我的自信！而且，我從來沒有忘記一個信念，就是當我們過好自己的生活之後，還要繼續幫助其他人，讓其他人也能過著快意人生。

於是，當我的國中同學小楊，在隔年想要報考預官（他因為升高中時重考，所以在學籍上比我晚了一年），向我詢問考上預官的訣竅時，我立刻把當年我哥那句「準備的人就有希望」的鼓勵話語，原封不動地送給他，並提醒他準備考試時應該把握的幾個大方向。

經過鍥而不捨的努力，小楊自己也在隔年順利考上預官，而且還同時鼓勵了另外一位同校的同學，一起金榜題名！他告訴我，當時他學校的教官，激動地握著他的手告訴他：「我們學校這十幾年來，你們兩位是唯一考上預官的同學，真是替學校大大爭光，給你們記三個大功都不為過！」我聽了小楊的轉述，心裡的喜悅自然不在話下，也更加堅信要把積極正面的力量帶給更多人，這也正是我目前持續不斷寫作的原因！

當兵時，我挾著預官考試成功的餘威，進軍公費留學考試。雖然有自信的確是件好事，不過說實在的，公費考試和預官考試的難易度與錄取率，簡直是天壤之別。於是我決定效法我哥的方法，選擇一個自己有興趣，但是競爭不會那麼激烈的冷門科目。

你就是自己的激勵達人　搭訕前，先搞定人生！

一翻開公費留學的報名手冊，我就看到了「運動休閒與管理」這個科門，心中大喜，立刻想要報考這個類別。但很不幸地，仔細一看，該學門居然規定只有理工科系或體育系畢業的學生才可以報考，文法商等等科系畢業的學生，連報名的資格都沒有。

於是我只好放棄報考「運動休閒與管理」的念頭，轉而尋找其他標的！我看到了另一個學門，是「舞蹈史與舞蹈理論」，馬上眼睛一亮，一方面想起以前在青訪團練舞那段辛苦的日子，一方面又發現這個科門是文學院的學生可以報考的，於是我決定報考舞蹈史與舞蹈理論這個類別。

因為公費留學考試不考術科，只考筆試，我相信其他會想來跟我競爭的同學中，舞蹈科系的學生應該考不過我，而其他科系畢業的學生對舞蹈本身應該也沒有比我更強的熱情，因此我勝出的機會想必非常之大。

不過，這個時候容易負面思考的人一定會想，我又沒學過專業科目要考的《中西舞蹈史》和《藝術概論》，怎麼考得過其他本科系出身的學生呢？更何況長久以來謠言傳說這類考試都有內定的人選，即使沒有內定的人選，主考官以及那些應試委員，也許早就私底下把考試要看什麼書籍，從什麼方向準備，應試時該如何作答……等等訣竅，都告訴自己的學生，增

加自己學生的上榜機會。像我們這種沒有任何背景，跟出題委員也沒有任何關係的人，又怎麼有可能考上呢？

　　這裡我要告訴大家：我們的腦子就是一台功能強大的電腦，你輸入了一個負面的問題，它立刻會幫你整理出十幾二十條負面的答案，搞得你灰頭土臉，自信全失；但是你如果試著問自己正面的問題，它就會跳出一堆正面的答案，加強你一定要成功的信心！雖然我也不是沒想過這些也許會造成考試不公的可能性，但我有更積極的想法來擊敗負面的思緒。

　　試想，本科畢業的學生又如何？如果他們當年在上課的時候沒有好好聽講，準備考試時又不夠用心，那麼就像預官考試時完全不準備的台大學生一樣，再優秀也考不上！只要我好好針對考試的題目努力準備，把每一科的平均分數都拉高，那麼就算本科系學生在專業科目上有老師的加持，他們的總分也不會比我高。我哥當年的專業科目只考十分，卻還是錄取的例子，深深激勵了我，也堅定我一定會考上的決心！

　　於是，我專心致志，利用預官役受訓時的課餘和夜間休息時間，用心準備考試，結果後來也順利考上了公費留學！在這裡我就要告訴大家，別再相信公費考

試著問自己正面的問題，它就會跳出一堆正面的答案，加強你一定要成功的信心！

你就是自己的激勵達人　搭訕前，先搞定人生！

試不公平的謊言！公費留學考試是台灣最公平的考試之一！你盡了自己最大的努力，這個世界就會待你公平！

　　另外，可能有人擔心公費留學這種有面試關卡的考試，如果自己不是主考官的學生，或非相關科系的學生，會不會因此而不被錄取呢？我也曾經擔心過這一點。結果當我步入面試的小房間時，看到其中一位評審委員，正好是我過去報考青訪團時的訓練老師，不過因為每年報考青訪團的人數眾多，她對我已經沒有印象。但機巧過人的我，在面試回答問題的時候，故意順便提起以前在青訪團的經歷，以及這個團體對我決定報考「舞蹈史暨舞蹈理論」這個科目的影響，結果當然是順利錄取！

　　因此我要說，不要在一開始就先想盡辦法否定自己，或是找一些理由來嚇退自己；而是要想盡辦法問自己正面的問題，來督促自己更接近想要達到的目標。在這個過程裡面，最好還不斷地結合自己原本的興趣，過去人生的經驗，並尋找各種能讓自己出頭的機會，讓自己一舉成功。

　　我就是這樣考上公費留學，而它帶給我五年的美國留學生涯。這不僅徹底改變我的思考方式，也是別人永遠無法剝奪的人生經驗。在此我要鼓勵大家，若經濟條件允許出國留學，一定要出去看看；若家裡沒有錢，就試著像我一樣機關算盡，拼

死拼活去考公費；公費考不上，就想辦法辦借助學貸款一圓留學夢；即使手頭上的錢不夠拿一個學位，短期三到四個月的短期遊學也很好。這些經驗與回憶，都將是你人生中最寶貴的資產，它們無法以金錢衡量，因為熱情與夢想，永遠都是我們無價的寶藏啊！

堅持到底，才是贏家

工於心計只求勝出，死撐到最後一秒才是英雄

⟫ 找出你的致勝關鍵

我始終相信，大部分的人無法成功，主要來自於三個原因：第一是目前所從事的工作或準備的項目，並非自己的興趣，更不是自己的專長，所以沒有辦法將自己的價值在該領域裡面進行極大化，達到最佳的效果。

第二個原因是因為自己投入的時間與努力不夠，所以創造不出什麼傲人的成果。我們必須了解，大家目前所處的世界，要比以前的局勢更加險惡。這是一個最好的時代，也是一個最壞的時代，它好就好在資訊與知識的流通非常發達，人人都可自由攫取並納為己用；但壞就壞在正因為大家都能將知識與技能自由攫取納為己用，於是又有各人投注心力與時間多寡的差別，因此每天花十六個小時專注於自我目標的人，自然能將每天只花八個小時提升個人專業的人，遠遠拋在後頭。

第三個原因，在於如果大家付出的努力相當，投注的時間也差不多時，只有能夠觀察全局，洞悉時勢，縝密分析，找出致勝關鍵的人，最後才能在競爭激烈的環境之中脫穎而出。在現在這個時代，這第三項原因尤其重要，它需要的是過人的勇氣，以及不達目的誓不罷休的決心。

我沒有比其他人優秀，卻能在激烈的公費留學考試中脫穎

你就是自己的激勵達人

而出，深究其原因，應該是在於能妥善把握這第三項致勝因
素。我不喜歡輕言放棄，更不斷找尋任何可能的方式，來達成
自己的目標。正在看書的你，是否也能想想若換做是你，能如
何找出屬於自己的致勝「撇步」，然後咬緊牙關，不管遭遇再
多的失敗，都要堅持到底，最後品嚐那勝利的果實呢？

　　讓我用一個網路上流傳的面試故事，來強化大家的信念：

　　　　有位剛自大學畢業的女學生，到某家公司應徵財
　　務會計的職位，但因為該公司需要有工作經驗的員
　　工，因此拒絕了她。不過她並沒有因此放棄，反而向
　　人事主管要求道：「請給我一個參加筆試的機會，若
　　我沒有基本能力，我自然沒有資格要求面試；但是若
　　我基本能力足夠，再請你們給我一個面試的機會也不
　　遲。」結果，她通過了筆試，也順理成章的得到面試
　　的機會。

　　　　人事主管看到這女孩的筆試成績優異，也耳聞她
　　之前積極的態度，但是公司預期這次能找一個有工作
　　經驗的資深人員，所以其實已有不能錄取這位女學生
　　的定見。

　　　　在面談近尾聲時，人事主管說：「謝謝妳今天撥

空來一趟，若錄取我會通知妳的。」女孩站起來並向
經理道謝，同時從口袋裡掏出一塊錢給經理說道：
「無論貴公司是否錄取我，都請你打個電話告訴我。」
這位主管興味昂然的問道：「如果我們沒有錄用你，
你想知道些什麼？」女孩說：「我想知道未被錄取的
原因、有哪些地方待加強，好在日後求職時改進。」

主管接著問：「那這一塊錢是……」女孩道：
「您剛提到『若錄取我會通知妳的』，也就是說若沒有
錄取就不另行通知，因此若要請您通知我沒被錄取就
非公司政策，自然就不是公司的正常開銷，因此我支
付這通電話的費用，請您一定要打這通電話。」

人事主管聽完後，微笑的說道：「這一塊錢請你
收回去吧，我也不用打電話，妳已經被錄用了。我已
經真切的感受到你對這個工作的熱忱。」

不知道各位讀者在看這個故事的時候，眼睛夠不夠銳利，
有沒有看出來，把一塊錢掏出來的這個動作，絕對不是一個巧
合，而是她精心演練和妥善安排的結果。我想表達的是，當她
決定應徵這個工作之前，就將所有可能發生的情況，做了詳盡
的分析，並且想出應對的方法。

你就是自己的激勵達人

　　現在台灣許多公司為了節省成本，在員工訓練上少有著墨，在應徵時都想找有工作經驗的人。但試問，大學剛畢業的新鮮人是否真的不適用呢？我認為，大學剛畢業的青年，最具備學習的動力和動機，也還未學習到不好的工作習慣，工作觀念還是一張白紙，反而適合透過教育，植入公司的文化和精神。

　　這個女生，雖然知道徵人廣告上寫著要徵有經驗的財務會計，卻還是去應徵，這代表她知道沒有工作經驗的她，很容易在第一關就被刷下來。但是，已經有心理準備的她，更知道如果自己再堅持，再試著多問一下，也許就能得到進一步參加筆試的機會；只要過了筆試，就有機會見到主管，有了和主管面談的機會，即使她沒有工作經驗，對方也能藉由她的儀容，談吐和氣質，重新對她進行評估，而不是只憑藉著履歷表上面的照片和經歷，來評判她這個人。這一切的一切，都在增加她的錄取機會。

　　那從口袋裡面掏出一塊錢的動作，更可以說是經典中的經典。請問現在誰沒事會把一塊錢放在口袋裡？誰會在看到面試主管那「我不會錄取你」的表情時，能馬上臨機應變，掏出一塊錢來，說出像那個女生一樣感動人心的話？這絕對是她事前就已預想可能會發生的情形，並演練出的最佳應對方式。一個

有準備的人，為了她（他）想要達到的目標或結果，會先預想所有可能遭遇的狀況和挫折，並想出最好的解決方式。

一個有準備的人，為了她（他）想要達到的目標或結果，會先預想所有可能遭遇的狀況和挫折，並想出最好的解決方式。

像這種有充分準備的人，即使臨時遇到之前完全沒有遇過，或完全沒有想過的突發狀況時，也永遠比一般人多了一份沉著與自信，而其所表現出來的態度，自然也會不一樣。我認為，這個女生根本就已經打算用這一招，來對付所有會拒絕她的公司主管；這個工作不要她，她永遠會積極地去找下一個機會！在這個主管面前掏出一塊錢不能感動對方沒關係，她會在下一個經理面前再掏一次，反正總有人會被感動吧？她的成本是什麼？除了自己的時間之外，就只是那一塊錢而已！

也許有人要說，這麼積極的態度，除了與自己的個性相差太多，自己實在沒有辦法像女主角這樣「不要臉」之外，有些主管也許會討厭表現積極的人，因此更不會錄取這樣的人。

我要告訴大家，以為別人會這樣想的人，絕對是想太多！這擺明了就是把面子和別人的看法，看的比自己的理想和工作重要！但是，你是要工作還是那不值錢的面子？你的那點面子，在沒有做出點成績，或沒有人認識你的時候，算什麼？這

就好像你不敢去和喜歡的女生說話，怕被拒絕怕丟臉，李敖大師就會笑你，你是愛面子勝過愛女人一樣！這就是你要的嗎？

特別是，現在的社會都喜歡積極和能夠適時表現的人。如果一切都中規中矩，表現得與其他人一模一樣、平凡無奇，面試主管要如何感受到你的出類拔萃，而錄取你加入公司的團隊？所以，像故事裡面的女生這樣積極的態度和行為，是絕對必要的。然後，把這種在工作上積極的態度和行為，擴展到你人生的其他層面，你漸漸會發現，《祕密》這本書裡面提到的「心想事成」法則，不再是遙不可及的天方夜譚，而是確實可行的人生真理啊！

這個故事透露出來的死撐到最後，一點機會都不放過的精神，總是能讓我回味再三，也讓我不禁想起了幾個關於我自身的故事，想和大家分享這種工於心計只求勝出，不到最後絕不放棄的精神！

⇒ 勇於做不同嘗試，更要對輕言放棄深惡痛絕

2002年年底當我還在美國唸書的時候，透過朋友的介紹，知道了一個在香港的研習活動，名字叫做「海外傑青匯中華」（The China Synergy Program）。該活動的宗旨，是為了讓華裔學

子「了解現代中國，認識文化根源」。這個活動為期約兩個星期，團員們在香港會合，並出發前往廣州、西安、北京，以及上海等城市進行參觀訪問。由於這是一個跨校也跨政府部門的活動，活動行程中接待我們的人，都是有頭有臉的大人物，和我們交流的學生，也都是各校的精英。由於贊助團體很多，所以全程都是免費的。像這樣「好康」的活動，能不參加嗎？

於是在看完活動的報名簡章後我立刻提出了申請。不過我得跟各位講，這種活動的申請是有相當難度的，因為來申請的學生，都是全中國大陸以及世界各校的精英，沒有兩把刷子還真的很難被甄選上，包括哈佛大學、耶魯大學、麻省理工學院……等等學校，都有學生報名參加，我那小小的「加州大學河濱分校博士研究生」的頭銜，跟他們比起來可以說是小巫見大巫。不過我的個性就是不喜歡輕易放棄，心想反正申請就有機會，總比不去嘗試好，於是交出了我的報名表。

結果很不幸的，在2003年一月左右的時候，在主辦單位給我的回函裡頭，用簡短的三行字就打發了我，大意是「因為報名的人很多……大家都很優秀所以難免有遺珠之憾」啦……之類的用詞，總之就是落選。我心想既然這趟「傑青匯中華之夢」破碎，我就專注於課業吧！反正堅持正面思考總沒錯！但後來發生了一件大事，給了我再次申請該活動的契機。

　　是什麼契機呢？那就是讓香港、台灣，乃至全亞洲都人心惶惶的SARS（Severe Acute Respiratory Syndrome，嚴重急性呼吸道症候群）。不曉得大家還記不記得，大概從2003年3月左右開始，香港人罹患SARS的消息迅速傳到世界各地，香港島內更是人人自危、房市崩盤、股票大跌，在媒體炒作之下，昔日的東方明珠簡直成了人間地獄。

　　我看到這個消息的當下，除了希望疫情能夠趕快被控制下來之外，還看到了一個機會！我心想，因為SARS在香港肆虐，因此很多原本已經錄取能參加「海外傑青匯中華」的世界各地優秀華裔學生們，一定不敢到香港參加活動，就算他們敢，我看他們的父母也會希望他們別去。而像我這種不怕死，父母又管不到的傢伙就有機會了！

　　於是，我在四月時立刻寫了一封信給「海外傑青匯中華」的甄選小組，表達我對香港疫情的關心，希望他們能勇敢地渡過這難關，接著話鋒一轉，直接告訴他們：我知道很多錄取的同學，一定會因為疫情的影響而不敢到香港，但是我不怕！如果有人棄權不去，請讓我遞補，我無論如何都要去參加該活動，與香港的同胞們站在一起！

　　很快地，主辦單位回了我一封信，告訴我因為疫情嚴重，在幾經考量之後決定停辦活動，隔年才會繼續舉行。我以為這

樣就代表沒戲唱了，在心裡暗自抱怨：虧我還寫了那麼一篇有血有淚的信要去和香港的人民站在一起，看來是白寫了。

可是，人生就是這樣一個充滿變數的過程，沒有一件你努力做過的事情，是所謂的浪費，也就是因為這樣多變的人生，才顯得豐富有趣。五個月之後，我在電子郵件信箱裡面突然看到了一封「海外傑青匯中華」大會寄來給我的信，信裡面說，很感謝我當時對該活動的支持，他們正在進行2004年活動學員的甄選，而我因為之前所展現的熱忱，已經是今年當然錄取的團員了，只要把一些該繳交的文件補齊即可，不必再和其他申請者競爭。

看到這樣的信，我除了感動，還能說些什麼呢？於是馬上把資料備齊，寄給甄選委員，也順利參加2004年的「海外傑青匯中華」活動。那年因為我的表現優異，還被推舉為活動晚會主持人，和另一位目前在大陸中央電視台任職英語節目主持人的陳音，一起擔任人民大會堂晚宴的司儀。回想這一切，都源於我那不到最後絕不放棄的決心，以及真正採取行動爭取我想要的東西努力。

但我事後回想，其實我當年在被「海外傑青匯中華」主辦單位第一次拒絕後，仍然不死心，並且趁著突發事件的機會，再奮力一搏的行動，根本不是偶然，而是我培養出來的習慣。

你就是自己的激勵達人

一個從十九歲開始就培養出來的習慣。

　　我在政大念書時，有很長一段時期可以說是慘得無以復加，失敗的次數簡直就是「罄竹難書」。我想內轉校內的公共行政系沒錄取，轉學考報考政大政治系差12分落榜，考台大政治系轉學考差10分沒通過。大學一年級一整年，多少個夜晚的辛苦準備宣告失敗，心情之惡劣可想而知。

　　但是，我在政大政治系和台大政治系沒有錄取的榜單寄到家裡的時候，突然靈機一動想到，能夠考上台大政治系的人，想必也能考上政大政治系，但他們一定會選擇台大政治系去就讀，畢竟那是政治系的第一志願，這不就代表一定會有很多考上政大政治系的人不去報名，而造成名額空缺出來嗎？說不定除了候補的幾個名額能遞補上之外，還會有招生名額不足的問題。

　　於是我大膽提筆寫了一封信，給當時政大政治系的系主任謝教授，告訴他我是多麼努力地想要考進政治系，而如果剛好情形如同我所預測，不知道有沒有機會能錄取我呢？畢竟我離錄取分數的差距也不算大，應該是很有機會的。但過了幾天謝主任回信給我，告訴我這樣的做法，雖然是「挺合理的異想天開」，但與他們的制度不合，就算很多考上政大的人不來報到，他們也不能破格錄取分數未達標準的學生，這等於是直接

地拒絕了我。

　　當時我雖然有點失望，但是沒有絕望，也為了要讓自己走出失敗的陰影，開始瘋狂參加學校社團、校外活動與演講比賽，用別的方式來證明自己，結果卻因此而有了更大的收穫。我常想，如果我不是因為唸哲學系，又沒有轉學考上台大，課業壓力不算太重，而能在其他方面充實自己的話，今天不可能透過不同的活動與競賽培養出過人的臨場反應、運籌帷幄的組織能力、辯才無礙的演講技巧，以及情緒控管和人際管理的協調能力。因此我發現，有時候接受當下的失敗沒有什麼不好，最重要的是能從失敗中記取教訓，並永不放棄地想出其他的方法來再接再勵。

　　別人當然有拒絕我們的理由，但是我們絕對不能有放棄自己的念頭。現在回頭看當年發生的一切，我在十九歲時那不願意輕易接受失敗的嘗試，種下了我十年後報名「海外傑青匯中華」第一次被拒絕後，還是汲汲營營，想辦法找出路的因子，也順利在最後達成目標。

　　而這種不放棄的習慣，一定要從小就開始培養。因為，當我們年紀越來越大，能力和財富不見得能增加多少，但是那該死又

別人當然有拒絕我們的理由，但是我們絕對不能有放棄自己的念頭。

不值錢的自尊心卻會越來越高，我們會更加在乎別人的眼光，更不敢做自己想做的事情，也越來越害怕失敗。

但沒有嘗試與失敗，又哪來的經驗與成功？所以建議大家，你能不要臉的時間，就是現在了，請盡情把握、用心揮灑，否則再過幾年，你連想不要臉的機會和勇氣都沒有了呢！

無論做什麼事情，都請把自己看成是一個剛學走路的孩子，任何一次挫折，都是為了讓自己更接近成功的嘗試。

試著把自己想像成一個正在學走路的孩子吧！當你跌倒的時候怎麼辦？再站起來啊！又跌倒怎麼辦？再站起來啊！也可以想像你是自己的父母，在看到自己正學走路的孩子跟蹌跌倒時，你是會心疼地不讓他再繼續嘗試，還是狠下心來看著他不斷摔跤，但是越摔越能掌握走路的訣竅，最後終於笑著走入你的懷抱？我想任何人都會選擇後者，因為那才是孩子能學會走路的唯一方式。

無論做什麼事情，都請把自己看成是一個剛學走路的孩子，任何一次挫折，都是為了讓自己更接近成功的嘗試。上天讓我們一次又一次的失敗，不是為了阻撓我們奔向既定的目標，而是為了強化獲得成功時的快感！

6 **陽奉陰違，才是高招**

我該如何在父母期
許與自我夢想之間
取得平衡？

⑪➤ 分清手段與目的的不同，轉化辛苦為成功的動能

　　許多進入青春期的朋友，在國中和高中階段，一定都覺得自己的父母非常不了解自己，對吧？父母常常不准我們做許多事情，最讓我們不能理解的是，為什麼父母總是要我們好好讀書，但是課本上的內容，我們卻毫無興趣？更何況現在有那麼多人，大學畢業還是找不到工作，就算有工作，也得為了那一個月兩萬出頭的收入勞心勞力。像這樣付出與收穫不成正比的例子比比皆是。既然如此，我們為什麼還要讀書升學呢？

　　「萬般皆下品，惟有讀書高」，是華人根深蒂固的想法，特別是從事勞力密集工作的父母，每天都在從事付出體力的勞動工作，知道那種靠勞力賺錢的辛苦，因此會要求自己的孩子好好讀書，才能夠在將來坐辦公室，靠腦力賺錢，而不必走上跟自己一樣辛苦的路。

　　本身不是從事勞力密集工作，享有較高所得與社會地位的父母，因為知道知識經濟帶來的好處，所以會更加要求自己的孩子，才能延續自身家庭成員在這個社會所處的精英地位；再加上這群人擁有比較多的社會資源，包括財富、時間與眼界，因此更加專注並投入心血和精力，來培養自己的孩子。

　　中國大陸的競爭情形比台灣更為激烈！幾乎所有父母都相

你就是自己的激勵達人

信，唸書是讓孩子與家庭脫離貧窮的唯一方法，因此無論如何都要讓自己的孩子唸書。中國的大學生，也明顯比台灣的學生更加用功，這從大陸的大學圖書館在夜間總是燈火通明、位子不敷使用，而台灣的大學圖書館只有在考試前才開始湧現人潮，就能看出端倪。

反觀台灣，因為社會相對富裕，生活品質有一定的水準，便失去了如同大陸青年一樣渴望成功的動力，很多學生，根本不知道自己該「為何而戰，為誰而戰」。

許多台灣國、高中的學生，被父母逼著要好好唸書，但是又心不甘情不願，總覺得同樣的知識，為什麼要一背再背，和同學們拚死拚活地競爭，卻只是為了分出那一、兩分的高下？他們覺得父母不懂他們，父母也覺得孩子不懂父母的苦心。

我回想起自己還是學生時，也跟大家有一樣的問題。我的父親總是喜歡說：想做什麼事，等你考上高中再說！等到我上了高中又告訴我：別急，想做什麼，等上了大學再說！

當時的我聽到那樣的話，也曾經想要反抗，但是幾經思考後，我認為與其在當下以言詞反駁父親，或者直接甩門進房間，只會增加父子之間的對立，這對保持良好的親子關係，以及提升自己，一點幫助也沒有。只要是對自己沒有好處的事，就千萬別去做，這是大家從小就應該養成的觀念與習慣。

　　在求學過程中，面對父母在你學業上施與的要求與壓力時，其實還有更可以兩全其美的方法！

　　到底可以怎麼做呢？首先，請大家在心裡將讀書視為一個過程，而不是一個目的。如果本身就很喜歡讀書，可以將讀書當作充實知識的手段，想想能上通天文、下知地理，熟悉中國的歷史演進，知道東北的名產是「人蔘、貂皮、烏拉草」，也是件不錯的事，日後若到中國大陸做生意，想與當地人拉近關係的時候，能產生意想不到的效果。

　　但據我所知，在國、高中為了應付學測、考上理想學校所做的準備，其實就是反覆練習、死記課本上的知識，這實在很難與充實知識這件事畫上等號！在此過程裡面獲得快樂的人真的不多，也就不足為奇了。

　　這個時候，應該換一個角度思考讀書的行為，可以視其為一個過程、一個手段，是一個能讓你達到自己夢想的路徑。有些人覺得如果考試考得好，能得到父母師長的讚揚，並且有機會在接受全校表揚時，看到同學們羨慕的眼光。這種榮耀感能夠帶給他極大的快樂，就會更努力的讀書，以期在下次的考試中脫穎而出、再次接受表揚，再次享

> 讀書的行為，可以視其為一個過程、一個手段，是一個能讓你達到自己夢想的路徑。

你就是自己的激勵達人

受那種快樂，這就是一種觀念的轉化。

或者是你覺得現在讀的東西千篇一律，但因為在自己的腦中已經建構出將來考上理想學校、進入理想系所的美好畫面，即使這次的考試成績不佳，但為了腦中那個美好的畫面，還是會繼續努力準備下一次的考試，期許在之後的考試裡面奪取佳績、大放異彩，這也是一種觀念轉化。

又或者你因為成績不好，被同學嘲笑，於是發誓要在下次的考試裡面扳回一城、盡雪前恥，將別人的閒言閒語當成是督促自己的動力，把考高分當成是「復仇」的工具，這又是一種觀念轉化。

我在國三時曾經幻想著，如果能考入所謂前三志願的學校，就可以與前三志願女校的優質女同學約會（結果當然證實這兩者關聯性不大）；或者考上好大學就能玩社團，參加所有想參加的活動，認識內外兼備的優質女大生（結果再次證明，如果進了那個環境不努力開拓，好事還是不會自動降臨）。因此，就算考試再怎麼辛苦、再怎麼累，也都覺得可以暫時忍耐，這又是一種觀念轉化。只要將一切的努力，視為一種過程、是為了完成更遠大目標的

只要將一切的努力，視為一種過程、是為了完成更遠大目標的手段，就不會陷入不知為何而戰，為誰而戰的困境。

手段，就不會陷入不知為何而戰，為誰而戰的困境。

用前述的種種觀念轉化，來看待讀書這件事時，便不容易覺得過於無聊，或者視其為洪水猛獸。畢竟，成功一定需要付出努力，既然在你腦中設定的目標，是必須靠讀書準備考試來達成，那麼就把它當成是一個必經的過程、一個階段性的任務，只有達成才能完成你心中那更遠大的目標，為了那個目標全力以赴，也不再覺得這個過程會有多辛苦。

▶ 培養「兩者兼顧」的態度，相信自己的無窮潛能

同時我還要說，其實大部分的年輕人，都太小看自己的能力了。我的意思是，大家都以為父母要我們讀書，不准做我們喜歡做的事情，我們就得遵守，這真的是一個很可笑的觀念。

真正的強者，不會輕易接受別人單方面的命令，更不會輕易相信自己一次只能做一件事的概念，而會努力在父母的期望和自己的興趣之間，找到最佳的平衡，這需要的是充沛的精力、旺盛的企圖心，和有效的時間管理。假設身為高中生或國中生的你，喜歡看漫畫或是運動，但是父母卻嘮嘮叨叨告訴你應該要專心讀書時，只要你能妥善分配時間，怎麼會有人知道你每天除了唸書的時間之外，還躲在被窩裡面看一小時的漫

畫？還每天下課後就先跑操場二十圈才回家？

總之，不要輕易地以為自己一次只能做一件事情，那是弱者的思維。人類的潛力是無窮的，我們一定有那個能力，可以同時做好兩件事。

想要讓自己「兩者都能兼顧」的思維持續進行，並且產生效果，還有一個最重要的因素，就是良好的時間管理。請相信自己是一個有能力的人，能夠妥善分配時間，善加規畫每一件自己想做的事情，並付出應有的努力，然後開創出均衡完美的快意人生。

但如果你試了幾次之後發現，自己不是一個能兼顧兩件事，而是只能專心在一件事情上的人時，就請專心地做好一件事情吧！我雖然相信每個人都有無窮的潛能，但在現實生活裡面，因為先天的限制、家庭的教育，以及個人心智未達成熟狀態等等因素，並不是每個人真的能在青春期的時候，適當操作「兩者兼顧」的人生態度。這時，了解自己的實力、調整自己到最佳狀態，才是明智之舉。

人類的潛力是無窮的，
我們一定有那個能力，
可以同時做好兩件事。

其他的東西我就先不多談，因為大部分的人應該都沒有什麼太大問題，惟獨感情這件事讓很多年輕朋友傷透腦

筋。許多學生朋友，因為看太多愛情小說與電影，可能會認為若在指考前錯過現在這個心儀對象，是不是以後再也不會遇到真愛？

　　但我必須告訴大家，在國、高中時有這種想法，絕對只是天真幼稚的想像。在身體與心智都還未發育成熟時期談的戀愛，應該只是學習人生不同面向與層次的功課，不該是讓自己要死不活的挫敗。

　　如果你是那種一談戀愛就沒辦法唸書的人，若不是訓練自己兩者兼顧，就是暫時不要談戀愛，千萬不要覺得為了戀愛放棄學業，或跟父母吵得天翻地覆，能讓這段感情更加淒美。據我所知，女人都喜歡強者，看你連學業都照顧不好或跟家裡決裂，只會覺得你是個把人生搞得亂七八糟的Loser，等她離開你的生命時，你只會自責自己的愚蠢，怨嘆衝動所造成的得不償失。

　　一個真正的好女人（或好男人），一定會想看著不斷讓自己更好的你出現在她面前。給彼此多一點時間與空間，各自將學業、友情與親情處理的更完美，才是明智的選擇。年輕時的純愛根本不需要悲壯，應該像是甜甜的蜜糖，讓你能在孤單時低吟回想，也能有勇氣繼續展翅飛翔！

你就是自己的激勵達人 搭訕前，先搞定人生！

➡ 成為在父母期待與自我實現之間均衡發展的謀略家

另一方面我想告訴大家的是，千萬不要老在心裡怪罪父母，為什麼要管那麼多？然後總是憤憤不平，怒氣難消，想逃離他們的視野，關閉與他們溝通的大門。

父母喜歡管我們那麼多當然有許多原因。他們最常用來為自己「壓霸行為」辯護的理由就是：「無論如何都是為了自己孩子好！」但恕我直言，父母做這做那，絕對是為了自己好！

他們是為了不想為孩子操心太多、少點心理負擔，所以逼孩子照著他們認為最好的道路前進；他們是為了自己的小孩能考高分進好學校，讓他們在親朋好友面前趾高氣揚，所以督促我們學習；他們以為孩子若用功唸書，未來可以少吃一些他們以前吃過的苦，以後有成就也才會回過頭來感謝他們，所以嘮嘮叨叨；他們是為了孩子進入好學校，畢業後找到好工作賺大錢會拿一點錢回家孝敬自己，所以禁止我們玩樂……說穿了，他們對孩子的所有要求，到頭來還是為了自己。

雖然前述那些父母對孩子未來的美好想像，可能一件都不會發生，但父母偏偏就是會這樣認為，而他們也的確有權利這樣想。試想，假設有一天你也當了父母，我想閣下肯定也會覺得自己的經驗比孩子多，當然能替他們做出最好的決定；而且

話說回來，再怎麼說孩子也是自己生的，要他（她）照自己的意志來發展也是天經地義的事！這是人類都會有的自私思維。

我自己有時候也很不能接受老爸的思考方式與觀念。例如，他到現在都還是喜歡到處吹噓，要不是他的緊迫盯人，當年那個功課不好又愛玩的我，哪裡能有今天拿到博士學位、會四國語言，還是一個暢銷作家的成就？

可我心裡的台詞是：其實我當年在跟老爸吵架的時候，有時真的想要自暴自棄，故意去做壞事氣你，反正我就是偏不要照你的意思做，看你怎麼辦！你越痛苦、越難過，我就越開心，誰叫你讓我過的那麼不快樂！

但我又轉念一想：不對啊！人生是我自己的，我憑什麼為了和父母賭氣，交壞朋友、不思上進，甚至浪費時間打混摸魚？我是自己的主人，所有的快樂悲傷，成功失敗，都將由我自己承受，實在沒有必要為了與父母爭口一氣，而賠上自己的人生。

現在，每當聽到父親吹噓他在我身上造就的「豐功偉業」時，我都會對他報以微微的一笑，因為我知道，這是老人家的一種自我安慰。人有時候就是要靠著這種自以為是忘記苦痛，也才能繼續勇敢地活下去。我當然感謝父親當初對我的苦心栽培（雖然方法和口氣常錯誤百出），但更慶幸我自己沒有因為

> 要想像自己是個能夠「陽奉陰違」，在父母期待與自我實現之間找到平衡發展的謀略家。

賭氣而斷送自己的前程，這是身為人子的一種溫柔，也是隨著年紀漸長，慢慢了解大人思維方式後的成熟。

在了解父母的思考模式，以及你該對自己人生負起的責任之後，你也可以在年輕的臉龐底下，學會培養成熟的心靈，不要老覺得自己是個被父母綁手綁腳，無法自由發展的小癟三，而要想像自己是個能夠「陽奉陰違」，在父母期待與自我實現之間找到平衡發展的謀略家。試著在表面上照著父母的期許，但是在暗地裡全力發展自己的興趣；表面上表現得像個有禮聽話的孩子，但其實是為了讓他們對你安心，好掩人耳目達成既定的目標。

早點學會這種待人處世的技巧，你將能減少浪費許多與父母爭吵卻永遠沒有辦法分出勝負的唇舌，也能磨練出日後對付上司與老闆時圓融通達的辦公室生存哲學！

⇒ 無法妥協時，勇敢走自己的路，但記得別回頭抱怨

讓我們再來看看一對兄妹的故事，透過他們的親身經驗，可以替許多在自我夢想與父母期許之間痛苦掙扎的學子們，一

點小小的啟示與鼓勵。

張懸是近年在台灣音樂界爆紅的新生代創作歌手。她的聲音清澈，風格獨特，一出道便吸引了眾人的目光。但是，不同於現代不少流行歌手與藝人都有高學歷的光環加持，張懸只有高中肄業！更令人驚訝的是，她的父親是台灣前海基會董事長焦仁和，那位曾經掌握兩岸談判兵符，名滿天下的政治明星！

可想而知，當張懸決定要走音樂創作這條路的時候，遭遇家裡多麼大的反對。自詡高學歷、善於談判，又修養極佳的焦仁和，對這個女兒付出了極大的耐心、愛心與時間，用盡種種手段希望點醒她，讓她知道音樂這條路不好走，不要到時候跌得渾身是傷才後悔。

但張懸根本是吃了秤鉈鐵了心，堅持自己對音樂創作的理想，為了能夠專注走自己想走的路，故意當掉高中課業，換得一個轟轟烈烈的休學，並抱著這種壯士一去兮不復返的悲壯豪情，打算說服父親接受自己的想法。

沒想到焦仁和在聽到張懸決定休學去唱歌時，當下只是輕描淡寫的說了一句：「好，我知道了。」這讓張懸原本高漲的情緒，一下被放空掉了。她唯一能做的，就是非常難過地回房間承受自己的決定，並且發現從此再也沒有人跟自己爭吵、再也不能覺得自己受委曲，因為從那一刻開始，她的人生都來自

於她的決定，與別人完全無關！

　　她離開家裡，到餐廳打工賺取生活費，並駐唱培養歌唱實力，希望以努力做出來的唱片來證明自己的決定是對的！可是很不巧地，好不容易完成唱片之後，卻被公司冷凍。多少個夜晚她也曾經問自己是不是做錯了，但倔強的個性讓她覺得即使是錯的，也要繼續走自己選擇的路！

　　終於，在2006年的夏天，她的第一張專輯問世，立刻得到廣大聽眾的認同，還連開了好幾場演唱會，成為媒體寵兒。連那位曾經擔心她擔心得要死的爸爸焦仁和，現在也能露出輕鬆的笑容，對自己女兒的成就感到安慰。他現在和新朋友介紹自己時，除了提到自己是前海基會祕書長、僑委會委員長之外，還會補充自己是「張懸的父親」呢！

　　來自同一個家庭，張懸的哥哥焦元溥卻沒有選擇像妹妹一樣激進的路線。焦元溥從小就聰穎過人，在父母的栽培下習琴多年，對音樂典故信手拈來，瞭如指掌。從十五歲就試著開始發表樂評，念台大政治系國際關係組時，甚至考慮改學指揮，但最後在父親的堅持下，還是放棄了音樂，出國主攻外交。

　　但是，從未忘情於音樂的焦元溥，雖然還是很認真地在讀外交政治，卻偷偷地把自己的興趣與所學，用巧妙的方式加以結合。在修習美國外交史的時候，他的兩個最重要的報告，一

個是《美蘇文化交流中鋼琴家所扮演的角色》，一個是《文化價值與菁英表現——歐洲猶太人與東方音樂家在美國》，都得到教授的最高評價。光看這兩個報告的名稱，就知道焦元溥根本是在「掛羊頭賣狗肉」，藉由發表關於美國外交史的報告，進行研究音樂史的事實。連他的老師都看出來他的心事，鼓勵他應該往音樂這個領域發展。

在拿到法律和外交的雙碩士之後，他終於決定向父母表明心跡，自己真正醉心的還是音樂，所以無論如何都想在音樂的領域裡面繼續深造，而不是走父親期待的政治外交路線。為了證明自己，他不斷地發表關於音樂方面的文章，並且以一己之力，遍訪世界五十五位頂尖鋼琴家，完成五十二萬字的《遊藝黑白》。這本書首刷二千本上市不到一周便銷售一空的佳績，讓焦元溥靠著自己的成就與堅持不斷的溝通，最後終於說服父母，答應讓他前往倫敦大學國王學院攻讀音樂博士。

看了這對兄妹的故事，再加上我之前分享的內容，應該能感覺出來，我個人是傾向建議大家，在自己的興趣與父母的期許發生衝突時，走哥哥焦元溥的路線！雖然到最後他還是走上了自己最喜歡的音樂路，但最起碼在這一路上都順著父母的意思，也拿到了學位，不僅讓自己有了更多的專長，也讓父母對自己的謀生能力感到安心。如果你可以的話，是不是也能像焦

你就是自己的激勵達人　搭訕前，先搞定人生！

元溥一樣，試著在父母的期待與自己的興趣之間找到一個平衡，並且以實際的表現贏得他們的安心與信任呢？

　　不過我知道，許多父母並不像張懸與焦元溥的父母一樣明理，他們會用激進的手段，來強迫孩子接受他們的意志，甚至威脅斷絕任何經濟上的援助，讓你做不了自己想做的事情。建議大家，如果真的無法與父母溝通的時候，就試試走張懸那離家出走、自我獨立、堅持理想的路吧！父母再怎麼愛我們，再怎麼擔心我們，也沒有權力決定我們的人生，你也不希望在自己年老之後才責怪父母，當初為什麼逼迫你放棄理想，毀了你的人生大夢。

　　事實上，沒有人能真的控制你，能控制你的只有你自己！如果父母不再提供你經濟援助，那麼就自己想辦法去打工賺錢啊！只要把物質上的需求降到最低，又願意付出勞力來賺取打工的薪資，就絕對餓不死，還有剩餘的時間能投資在自己的夢想上面，不管是音樂、繪畫，還是運動！父母也沒有責任在我們十八歲之後，繼續供養我們。若想要走自己的路，也要負起養活自己的責任。

　　但是請注意，既然走上了這條路，就一定要做出一點成

別讓父母的過度保護，扼殺了你對自己人生應該負起的責任，以及不去做就會後悔終生的夢想！

績，否則到最後不僅沒有人會可憐你，連你都無法接受失敗的
自己。人生，就是要不斷地去闖，才能知道自己的興趣是什
麼，有什麼事情可以做的轟轟烈烈，有什麼事情又是自己的罩
門。別讓父母的過度保護，扼殺了你對自己人生應該負起的責
任，以及不去做就會後悔終生的夢想！

同儕排擠，是前進的動力

自己有錯，開誠布公向對方道歉；別人有錯，就讓自己做到最好，事實能證明一切

⮕ 求學過程中的孤獨

和大家分享一件陳年往事，也藉此討論求學時期與同儕之間的誤會、相處，與自立自強之道。不瞞各位，高中一年級下半學期開始，到高中生活結束的那段日子，可以說是我求學生涯中，人際關係最差的一段時間。

在國小和國中時期，我一直都是班上最受歡迎的人物。當時也沒有刻意經營人際關係，不過就是在上課時會和老師開開玩笑、體育課表現不錯，以及會幫班上受欺負的同學打抱不平罷了。但不知道為何，班上另外幾個最受歡迎的同學，都會主動與我接近，我們幾個人自然成了全班的孩子王。當時的我，根本連想都沒有想過要組織小團體，純粹就是跟幾個比較談得來得朋友常常聚在一起玩樂，更不可能因為不喜歡某些同學，而運用自己的影響力來打壓他們。我幾乎完全不會去討厭別人，不過我知道應該有些人會偷偷討厭我，但又礙於我在班上的高人氣，他們根本無計可施。

但是，在我唸成功高中的時候，卻因為一場誤會，讓某位同學開始討厭我，並運用他的影響力讓我在班上形同孤立。

還記得高一剛開學沒多久以後，很自然地，我又成了全班的風雲人物，因為班上的第一場聯誼，就是我透過中山女高的

你就是自己的激勵達人

朋友牽線而促成的，那次大家都玩得很開心，所以對我的印象也很好。我不只在班上跟大家都有話聊，連跟隔壁班的同學都能在下課的時候打成一片，這與我在國小和國中時的情形幾乎如出一轍。

但是一場意外發生了。大家應該很清楚高中時期的男生，常常會因為一點小事而彼此看不順眼，開始互相嗆聲，最好笑的是還喜歡用自己校外的黑道關係，來威脅自己不喜歡的人吧？這種情形就連號稱前三志願的成功高中也不例外！當時班上的一位同學小陳，本來跟我還挺不錯的。他因為曾經重考，在補習班認識不少人，校外關係也因此比較複雜，年紀比我們大些，已經取得駕照，所以也買了一台摩托車每天騎車上學。

有天我看他氣沖沖地找了我們班其他的同學在那邊討論事情，還準備帶人到隔壁班找我的另外一個朋友小林理論！一問之下才知道，原來小陳和小林兩人都騎機車上學，但似乎在停車的時候發生了一點爭執，於是彼此嗆聲，戰火也從校外停車場蔓延到校園裡面。

結果，隔壁班的小林在當天放學後，找幾個人扁了小陳一頓，而我那時剛好在學校裡面，跟小林的另外幾個同班同學在那邊說話。於是被揍的小陳回到學校拿東西時看到這個場景，便在心裡以為我是不是勾結外人，告訴他們他的下課時間和行

蹤，才害他被揍。唉，老天，這一切都是冤枉啊！

自此之後，小陳開始運用他的影響力，在班上散布我是「廖貝亞」的傳言。當時我認為自己不需要特別解釋根本沒有做過的事，因此也沒有多擔心那完全不是事實的傳言。沒想到，整個事情的發展，就像《危險心靈》這部電視劇裡面的劇情一樣，小陳運用了他的影響力，使得全班同學都開始討厭我，或者害怕與我接近，我漸漸地被孤立起來。

而在整件事情中，還有另一個力量，就是班上另一位還滿活躍的同學小黃。小黃為什麼討厭我？這更是個令人匪夷所思的天方夜譚了！我輾轉透過其他同學知道，他好像也沒有什麼特殊原因，反正就是看我不順眼。討厭我的長相、討厭我說話的樣子、討厭我的一切……在我們的生活周遭有時候就是會出現這樣的人，你和他也沒有什麼交集，更沒有過節，但也許你的長相剛好是他非常討厭的類型，或是你說話的風格語氣，就是令他由衷厭惡，雖然你並不會對他進行攻擊，但他卻不會放過你，老想藉由各種機會說你的壞話、打擊你。

我當時最慘的情況是，只要上課被老師點名發言，或者因為成績不錯上臺領獎，就會開始被一些同學以噓聲攻擊，由小陳和小黃帶頭，鼓動其他同學一起噓我。那些附和的同學，或許是受到他們的影響開始討厭我，也或許只是好玩，更有可能

你就是自己的激勵達人

只是因為害怕不跟著他們攻擊我，自己也會淪落到跟我一樣被排擠的下場，於是只好跟著他們一起用這種非肢體暴力的方式來欺負我。

你一定很好奇，面對這種情形的我，該如何自處呢？

那時，有幾個支持我的力量和信念。首先我發現，雖然自己在班上的人緣不好，但是我和其他班級的同學相處的不錯，與合唱團的朋友也都有很好的交情，這就證明了我其實不是一個令人討厭的人。所以在此我要鼓勵大家，如果你不幸地也遭遇到跟我類似的情形，可以試著向外發展，到其他的團體裡面去結交朋友，重新經營自己的人際關係。

但是，如果你不管在任何團體，都發現自己的人緣不佳，那麼我要說，必定是你在待人處世上，發生了某些問題。這就是所謂的「鮑伯理論」。

鮑伯理論是由領導力大師約翰·麥斯威爾（John C. Maxwell）所提出的論點。他認為，鮑伯如果在任何地方都被所有人討厭的話，那麼該檢討的不是別人，肯定是鮑伯自己。這對任何人來說也是如此，如果問題不是出在自己身上，怎麼可能到哪裡都不受歡

> 如果你不管在任何團體，都發現自己的人緣不佳，那麼我要說，必定是你在待人處世上，發生了某些問題。

迎？都沒有人喜歡自己，支持自己呢？

　　我當時在其他的交友圈，包括幾個校內社團以及校外活動中都頗受歡迎，這讓我更加相信當時在自己班上所遭遇的人際困擾，問題應該不是出在我身上。特別是，每次當學校有校慶活動的時候，那些討厭我的同學看到我其他學校的正妹朋友來班上找我的時候，那副恨得牙癢癢又不知所措的樣子，更讓我啼笑皆非。

　　高二和高三時，學校進行重新分班，我的班級因為是文組班，於是保留大部分的同學，讓想讀理工科的同學轉去別班，也讓其他班想報考文組的同學轉進來。這時，雖然討厭我的小陳和小黃繼續留在班上，但有十幾位新同學轉進來，新同學們因為沒有受到舊同學的影響，所以跟我的關係都很不錯，其中一位David特別跟我聊得來。另外一位小華，更是我當時最要好的朋友。

　　很多年以後，David才告訴我，當時他一轉到我們班，開始注意到他覺得「品學兼優」的我，想要跟我多聊聊天的時候，就有小陳和小黃的黨羽把他拉到一旁警告他，告訴他如果跟我走得太近，就有被全班「賭爛」的風險，於是叫他離我遠一點。但是David根本不管，硬要跟我說話聊天，因為他覺得應該要靠自己來認識一個人，而非藉由別人的三言兩語而輕易

討厭另外一個人，這句話讓我覺得相當感動。

所以從這件事我們可以知道，只要你覺得自己沒有做錯事情，那麼討厭你的人可以暫時運用他們的影響力讓某些人也討厭你，卻不可能讓所有人永遠都討厭你，只要自己行得正坐得穩，問心無愧，總會有人願意向你伸出友誼的雙手。

當支持你的人越來越多，原本討厭你的人，不僅不敢繼續囂張地攻擊你，在旁邊盲從附和的騎牆派，也會因為「西瓜偎大邊」的效應發酵，慢慢加入你的陣營，這就是我在高中最後一年靠自己努力創造出來的「恐怖平衡」。不過仔細想想，也許那也是因為大家都忙著準備聯考，小陳和小黃無心再繼續浪費時間排擠我所導致的結果吧。

雖然我當年對於同學們對我的誤會與攻擊，一律採取不解釋也不理睬的態度，但這麼多年後當我回顧這一切時，深深覺得如果時光可以倒流，我會用不一樣的態度和行動來面對這些紛擾。

首先，當類似小陳那樣的誤會發生時，第一時間，就要當著他的面解釋清楚，告訴他我並沒有去告密當「廖貝亞」害他被打，我也不是那樣的人，請他相信我（當年其實我有告訴他，不過他根本聽不進去），雖然他有可能就是不願意相信，但是至少你堅持表達了自己的立場。

　　然後，當小陳和小黃運用影響力在班上對我開始展開非肢體的暴力時，我應該要看看到底是哪些人在背後整我，接著與他們個別談話，請他們不要再做那樣的事情，因為如果將心比心，相信沒有人喜歡被欺負。誠懇地把自己心裡的感受告訴他們，表達希望他們停止這種不成熟舉動的立場。

　　如果個別開誠布公地談話之後都沒有用，可請老師協商，透過班級會議，或者是在私下討論時請老師把小陳和小黃一起找來，大家坐下來聊，主動解開心結。

　　這個時候請大家注意，千萬不能暴力相向，或是以其人之道還治其人之身，那樣只會更增加彼此的仇恨與對立。如果將我前述的溫和方法全部都用上，跟那些討厭你的人好說歹說，他們還是依然故我，就放棄吧！只要自己是個好人，又照我的方法去別的團體發展，一樣會有其他朋友喜歡你，不差這幾個人，也不差這一整個班級！

▌▶ 當沒有人能保護你時，只有自立自強！

　　但是，另外一種情況，溫和的我就建議大家要適當地採取一些暴力反擊。為什麼主張和平的我，會有這種有點「過激」的想法呢？請大家先看看某位讀者寄給我的一封信，以及他的

悲慘故事：

匡宇你好：

　　我是你的讀者，目前就讀某國立大學二年級，大概在去年暑假時開始看你的書。和其他讀者一樣，我從書上學到很多寶貴的觀念和生活態度，在此想和你分享一些個人經驗跟成長過程，希望對彼此都有幫助。

　　在這段過程中，我學到很多，也體會很多，畢竟，辛苦的過去總是會在心中留下一些痕跡。很謝謝你出版的那幾本書，在這些書上，能夠讀到很多一輩子在學校都學不到的東西，特別是台灣的學校，最缺乏的就是這類生活態度的培養。現在我看到我的朋友，很多都是抱著負面的態度在過生活。例如在感情上，有很多人甚至覺得「正妹老早就全部死會了，我再怎麼努力追求也沒用啦，放棄吧！」

　　每次聽到這樣的想法，我就會突然湧起一陣難過的心情，尤其當經歷過許多事情，碰過許多人之後，更發現原來社會上大多數人都是如此。這時我特別會覺得在這種負面環境中成長的人真的很可憐，我希望

能夠幫助他們，於是現在的我常讀心理學或是商管類的書籍，希望自己以後也能像你一樣發揮一點影響力！

我是一路靠著辛苦，咬著牙關要求自己成長的（雖然有點誇張啦XD）。你的書，第一次讓我覺得其實成長並不需要這麼辛苦。只要帶著微笑面對身邊的人，認真地做自己想做的事，就是最美的生活了；我也是第一次看到一本書，能真正讓人在一個充滿悲觀無力感的社會裡，仍然願意多給與別人一點笑容。

現在，雖然我還是沒交到女友，不過我從此不會錯過自己欣賞的女孩，不管是成為女友還是當普通朋友，反正就是會主動與她交談。（當然我也確實已經靠著搭訕，認識一些了不錯的人……）

本來只是想要分享一些想法，沒想到變的很嚴肅。總之，謝謝你耐心的看完我這封信。如果出書或是演講，需要一些建議或者是提供一些看法，還是需要一些親身經歷的故事，我很願意提供給你做參考。

底下是我自己的故事，原本po在台大Ptt Catch版用來鼓勵一位被同儕欺負的鄉民，但我相信如果透過你的書，能夠給與更多人一些鼓勵：

你就是自己的激勵達人

　　的確，任何曾經受過傷的人，要面對過去那段不堪，面對那段傷痛，是需要很大的勇氣的，我很能理解原PO被排擠過而害怕面對人群的心情。但，說到被排擠，你能跟我比嗎？

　　我從小就身體瘦弱，運動神經也不好，再加上家人對我的過度保護，完全不讓我跑步、打球、流汗，深怕我跌倒或受傷。上了國小之後，我功課不好，膽子又小，甚至不敢抬頭跟人說話。我是一個男生，但從小不管是男女同學，都喜歡把我當作欺負的對象，下課時甚至一起來找我打架，我表現得越怕他們玩得越開心，不管是把拿垃圾灑在我頭上，或是拿石頭丟我，那些恐怖的舉動我全部都經歷過。

　　到了國小五六年級時，大家說話越來越粗魯，有一陣子幾乎每天都有人當面用髒字污辱我的父母親。每次回家爸媽看到我受傷問我怎麼了？我都騙他們說是自己跌倒；衣服被人用顏料亂塗，就騙他們說是自己不小心弄到……你能想像這種生活我連續過了好幾年嗎？

　　到了國小畢業典禮那天，我的家人高高興興地來看我，但我就當著他們的面，像往常一樣被同學污

辱。我大哭！我憎恨一切！我不明白為什麼老天要把人造的那麼壞？為什麼我明明在家裡的時候家人都這麼關心我，而到外面卻要受到這種對待？

就在我一邊在心理咒罵一切的不公平，以及一切不堪回首的往事時，突然感到頭腦裡面有一種從來沒有過的清醒。當大家在一邊唱著「親親校樹，戚戚庭草」，哭泣著說再見的時候，我暗暗在心裡發誓：「我要脫離！我要改變！我要讓你們為你們的態度後悔！這不是我的人生，我要把該屬於我的自尊全部討回來……」

後來國中時我開始發憤讀書，把以前小學從來沒讀過，卻被寫滿「豬八戒、去死、下地獄去」之類字眼的課本全部丟掉，每天花七、八個小時讀書，創下全班第一個成績從倒數前幾名，在幾個月內竄升到全班前幾名，變成老師及同學眼中的優等生的紀錄。本來從沒有女生要理我，但到那時已經三不五時有女生過來問我都是怎麼讀書了……。

我也開始練跆拳道，當然一開始是一直被打。後來我要求自己去跑步、去健身，每天固定做幾十下的扶地挺身，想辦法讓自己變壯一點。練習跆拳道的時

候我總是一直踢一直打，拼命的程度讓大家都以為我瘋了！當我升段的時候，還被指導教練選為助教（本來想當選手的，但因為功課的關係而無法如願）。

國二時全校舉辦班際直笛比賽，那時我暗戀班上彈鋼琴的女生，但因為不像很多男生會在女生面前求表現，說話又說不過別人（那時我只會讀書，跟人說話完全不行），結果每次想找她說話，都被他身旁的朋友阻擋，嫌惡像我這種連話都講不好的人。如果你是我，你該怎麼辦呢？

改變！每天把爸媽看過的報紙拿過來，找出社論，一個字一個字把整篇文章大聲唸出來，唸完後再把文章蓋起來，用自己的話說一遍文章的大意……

雖然最後還是沒能跟她在一起XD

後來進了高中，上了大學，我又不斷地嘗試各種活動，讀各類書，隨時要求自己成長，要求自己不能向環境妥協。我當過社團公關、營隊輔導員、還有值星官……只要是你能想到的我全都嘗試去做過。

我為什麼要寫這些？跟你們炫耀嗎？當然不是！

跟你們說我很強嗎？不，我一點也不強，我只是比其他同齡的朋友還要了解「適者生存」罷了。講了

這麼多，我想告訴原PO的其實只是很簡單的一個觀念，那就是：要把害怕受傷害的心態改掉，從今天起就改掉，沒有什麼人能夠傷害妳，除了你自己之外。

別人可以冷落你，可以排擠你，可是你不能否定你自己。你說我跟系上熟嗎？不熟啊！因為我大一都在社團裡，但每次分組我都比其他人能更快找到組員，因為沒人敢否定我做報告的能力。

勇敢地去做夢吧！去追逐任何你想要的，就算跌倒，再站起來就沒事了。就算真的摔斷了腿，也一定會有欣賞你毅力的人願意拉你一把！

去品嚐，去愛，去體會每一段的心動跟感動！

如果難過，那麼哭一場並不可恥，不妨找個願意借你肩膀的人。

現在，是你該笑著面對一切了的時候了 ^^

看到這位讀者的故事，我想不只是我，你一定也為他的成長和努力而深深動容吧？不過，感動歸感動，我還是要借題發揮，來跟大家談談，如果你自己遭遇到像他小學時期那種被同學用肢體暴力相向的情形時，到底該怎麼辦！

首先，請務必報告老師，讓老師來協助你解決這個麻煩。

你就是自己的激勵達人

透過老師，應該能聯絡到他們的父母，藉由那些欺負你的同學的父母的力量，讓他們收斂對你的攻擊。如果你對老師的處理不滿意，仍然繼續被壞孩子找麻煩時，可以聯絡教育部的去霸凌專線0800-200885及投訴信箱0855@tpedu.tcg.gov.tw，讓專業人士來處理你的問題，或是藉助媒體的力量，例如：《蘋果日報》和《壹週刊》，都能讓教育單位和學校更加重視你的委屈。雖然《蘋果日報》和《壹週刊》都是如洪水猛獸般的狠角色，但是對付禽獸，就要用野蠻的方式！

不過我得說，有些怕事的老師，是不敢在這種時候採取有效作為的，因為他們自己也會害怕被同學討厭，而造成管理上的困難，他可能覺得犯不著為了你一個人，賠上自己在班上的人氣。如果老師也不敢幫你的時候，你只好自立自強！

如何自立自強？那就是，「以牙還牙，以眼還眼」！誰敢對你吐口水，你就吐回去，誰敢倒垃圾在你頭上，你就拿起垃圾往他身上丟！如果同時欺負你的人太多，就挑裡面帶頭、個子最大，或個性最壞的那個大哥（大姊頭）。千萬不要挑裡面最弱小的，因為就算把他弄哭了，也只會激起其他人的氣憤情緒，覺得你欺負人（誰欺負誰啊？）更加強他們攻擊你的正當性。

如果帶頭大哥生氣揍你，那麼你就像條瘋狗一樣咬回去；

他把你的牙齒打掉，你至少也要回一、兩拳讓他留個鼻血；他表現得像個兇神惡煞，你也弄得像不要命一般發狂似地反擊！幾次之後，如果他發現每次找你麻煩時都會受傷，就不敢再動你了，因為他完全討不到便宜，欺負人欺負得太不開心。同時他身邊的人要是每次看到你都這麼猛，連帶頭大哥打你你都敢還手，那些小癟三就更不敢動你。記住，欺負人的傢伙最怕遇到不要命的人，你就要表現得像個不要命的人！最好在每次被他欺負而你也反擊之後，再報告老師，讓他在欺負你這件事情上不僅沒有占到便宜，還會再被老師懲罰一次。

看到這裡你一定覺得很奇怪，怎麼對言語暴力主張和平回應的我，卻在肢體暴力上有這麼激烈的見解？這是因為，別人對我們的精神攻擊，比較容易靠情緒轉換的方式加以解決，但是肉體卻是我們的最後堡壘，絕對不容任何侵犯！別人言語上的攻擊可以被你當成是無關痛癢的繡花拳，更可以想像他們只是會出張嘴沒有什麼實力的 Loser，但是如果肉體上受到欺凌侵犯，那種傷害卻會跟著你一輩子，成為永難除去的痛苦回憶，所以絕對不能在這件事情上面妥協。

其實一個人會被欺負成這樣，也都是自己造成的！我們教育別人該如何對待我們，也允許別人如何對待我們。所以，當別人有一點過分的行為時，就應該讓對方知道我們的不舒服，

不要再把一切的責任都推到別人身上，要把自信和自尊的責任全部攬到自己身上。

他們才會知道應該在當下就罷手。防微才能杜漸，姑息只會養奸，如果我們默不做聲，對方自然就會得寸進尺。師長和司法機關當然應該要盡最大的努力保護我們，但是當邪惡的力量在他們看不見的地方開始蔓延，我們只能依賴自己的力量來自立自強。

不要再把一切的責任都推到別人身上，要把自信和自尊的責任全部攬到自己身上，然後，試著像來信的那位讀者一樣，從各方面來尋求改變，提升自己，這樣自然就不會有人再來欺負你，最後也將贏回其他人對你的尊重！

8 **我最愛被罵？**

面對他人的謾罵與
批評該如何自處？

▶ 了解謾罵與批評的差異，轉化他人建議為進步動力

　　許多人在聽到別人對自己的謾罵與批評時，容易陷入困擾不解、憤怒自責的情緒裡面。有人選擇默默接受，但其實在心裡非常難過，也有人因此埋下仇恨的種子，打算在日後報復對方，那些都不是健康的做法。在這裡先簡單地說明，並討論一下幾個如何健康看待他人對我們謾罵與批評的方法。

　　首先，我們必須明白何謂謾罵、何謂批評，以方便未來的討論。謾罵是指「不分青紅皂白的責罵」，也就是對當事人的言語、行為或個人，以情緒性的話語或字眼，採取叫囂式的攻擊。例如：指責他人長得醜、說的全是廢話，或者完全否定當事人個人存在的價值，並摻雜三字經或與和生殖器有關的詞彙，來對當事人進行全面性的人身攻擊。

　　批評則不一樣。批評是只評論當事人行為論點的是非好壞，通常針對缺點或錯誤提出意見或加以攻擊。批評的重點和目的，在表達批評人與被批評人不同的意見或行為原則，試圖藉由理性的辯論，來達到說服對方接受自己想法的目的。批評的人，不管是不同意被批評者的想法行為，或者是討厭被批評者的言行舉止，目標都是為了讓被批評者能夠朝一個更好的方向邁進，既不會否定對方的存在，更不會使用粗鄙的字眼。

搭訕前，先搞定人生！

你就是自己的激勵達人

　　大家應該看出兩者間的不同了吧？很多人搞不清楚這之間的差別，徒增許多的困擾，其實都是不必要的。如果是謾罵，也就是針對你這個人展開人身攻擊，又是說你長的醜、又是說你下三濫，或捏造事實，甚至連你祖宗十八代都罵進去，那麼連想都不必想，這就是謾罵。而對於這種謾罵的言行，你可以選擇不予理會。因為，罵你的人，不是為了讓你更好，而是為了毀滅你！請問，連你的存在這種最根本的東西都想加以否定的人，他說的話又有什麼好傾聽，甚至加以接受的呢？

　　有次我看到報紙報導，提到前偶像藝人張克帆（現為音樂創作人），公然與前粉絲嗆聲！好奇的我試著去了解事情的始末，才知道原來是一位自稱張克帆前粉絲的人，在張克帆的網路留言版上，發表殘忍又無禮的言論，叫張克帆「不如在我們這些粉絲心中留下美好的印象，永遠離開螢光幕；還有，別再說那些低級的笑話了，看到你真的是很難過，畢竟曾經那麼喜歡你……」。

原文請見：

（http://www.wretch.cc/blog/kofanchang&article_id=11194781）

延伸閱讀：

（http://www.wretch.cc/blog/DrPickup&article_id=8775762）

　　試想，那位留言的人，對張克帆經歷過的風風雨雨有任何了解嗎？對他從受歡迎的偶像，到沒有任何演出機會的過氣藝人中間的心境轉換有任何認知嗎？對他目前在音樂上的表現有任何關注嗎？對他努力磨練口才與笑點，試圖朝主持人這條路邁進的夢想有任何正面建議嗎？完全沒有！靠幾句殘忍無禮又尖酸刻薄的批評，就想要人家在螢光幕前永遠消失，簡直是可笑！張克帆的人生和事業，憑什麼由他來決定？只出一張嘴的人，憑什麼決定別人的人生？像這樣的意見，根本就與謾罵沒有什麼兩樣，因為它否定了被罵者的努力以及夢想，是比什麼都卑鄙惡劣的攻擊。

　　但是，批評卻不一樣。從批評之中，你可以看得出來對方對你的建議。如果是指出了你的錯誤，其實應該高興，如果是自己言論有不夠周詳的地方，你也能據此改進，因為，有建設性的批評，絕對是能讓自己成長進步的動力。

　　例如，參與國際研討會的時候，在發表完自己的論文，有人針對你提出的論點表示懷疑或批評時，應該感到高興，因為透過他人的指正，才能發現自己論文中的錯誤，或者有待加強的地方。這也好比參加類似「超級星光大道」之類的歌唱比賽時，

有建設性的批評，絕對是能讓自己成長進步的動力。

你就是自己的激勵達人

若評審指出你的高音太虛，或者是歌詞咬字不清時，也剛好提供增進自己原本技巧不足的機會，這些建議都能提醒自己補強原本實力的不足，也能幫助自己在類似的場合裡，有更優異的表現。

但現實生活中比較麻煩的是，有些人因為表達能力太差，或情緒控管不佳，因此在對你的行為或言論提出意見的時候，會謾罵和批評夾雜，造成你根本不想聽他說什麼的情形，也完全關閉溝通和自我進步的大門。如果對方只是一個不相干的人也就無所謂，就怕剛好是你的好友甚至是親人，這往往讓你感到痛苦不堪。遇到這樣的情形，我們應該要選擇對方正面的批評視為檢討改進的依據，並將失禮無聊的謾罵完全拋在腦後。

比如當我們和父母親有爭執時，他們口不擇言，大罵：「我怎麼會生出你這個敗家子！」「我們家沒有你這種小孩！」的時候，你就要知道，這絕對是一種謾罵，但卻也是「愛之深，責之切」的關心。你在意的重點不應該是「敗家子」或要你「滾出去」之類的傷人字眼，而是背後他們對你的期待和用心。這個時候，做個深呼吸，堵住你想發洩的那一口怨氣，把它轉化成激勵自己一定要做出一點成績的動力，也在日後加倍努力，以傲人的成果來證明自己。

又或者當你的老闆對你的工作成果不滿意，用「白癡！」

或「你是豬啊！」等不堪字眼謾罵你的時候，也應該要試著聽不見前面的「白癡」或「豬」字，而專注在他後面對你解釋罵你的原因，包括你在溝通協調上出了問題、與客戶來往時忽略守時守信的原則，或在某個重要細節上面怠忽職守，才造成難以彌補的錯誤。試著牢牢記得老闆後面所提的重點，但把他情緒控管不佳的話語直接當成耳邊風，千萬別因為一時被挑起的憤怒，而錯失能讓自己工作實力與效能提升的契機。

我們當然都希望能與他人相處融洽，也覺得自己待人接物的態度非常合宜，實在不應該遭受別人不公平或惡劣的待遇。問題是，根據你我的經驗，這個世界完全不是這樣運行。別人沒有義務要用我們能接受的方式來對待我們，老天也沒有規定他人一定要有高EQ的情緒控管能力，所以在他們憤怒不爽的時候，自然就有可能對我們鬼吼鬼叫。我們不能做到要求或控制別人的情緒，但是能做到安撫與轉化自己的情緒。

他罵過來，你罵回去，就只是一般的吵架；他罵過來，你不回應，或用極高明理智的方式回應，在外人看來對方就只是個沒有禮貌的瘋子。堅持你自己覺得對的事情，並利用別人的批評當成是讓自己更好的機會，就是

我們不能做到要求或控制別人的情緒，但是能做到安撫與轉化自己的情緒。

你就是自己的激勵達人　搭訕前，先搞定人生！

對大家都好的反應。

　　人生苦短，我們應該追求的是心靈上的寧靜和快樂，千萬不要讓自己被別人的謾罵氣到輾轉難眠，對方罵完你後卻能安穩地睡到打呼；一個不相干的人只花三分鐘罵你，你卻得用三年甚至更長的時間來回憶，而在這段日子裡面每天都痛苦地活著，這值得嗎？

▶ 被稱讚也好，被罵也罷，你該追求的是問心無愧

　　事實上，在我們的人生裡面，如果你打算當一個可有可無的存在，沒有什麼特殊表現，那麼恭喜你！這一生應該都沒有什麼人會想罵你，但這不是因為你的人緣好，而是因為大家根本不在乎、也瞧不起你，再加上你沒有什麼特殊的作為，才會對你的存在與行為感到無關痛癢。難道這樣的人生很光榮嗎？我倒覺得這是一件很可悲的事。

　　為了不要被罵，很多人活在別人的眼光和陰影底下，不知道放棄了多少自己真的想要去做的事情！想在班上和公司裡面有所表現，怕別人覺得太囂張、太「愛現」，還是安分點別出風頭；看到有好感的同學或同事，怕其他人也喜歡所以還是先觀望再說，別壞了和氣；明明對公司或班級上的某些議題有不

敢苟同的地方，但是又不敢適當表達自己的想法或堅持己見，就怕會成為其他人攻擊的箭靶……這樣真的會比較開心嗎？

據我所知，那種人不僅不會比較開心，還會瞧不起自己，並且一直活在無盡的懊悔之中。難道大家希望在老了以後，每當提到過去的事情時，總是說：「唉，如果我當時如何就好了……」嗎？不，我們絕對不希望這樣！所以，提升自己，有所發揮，才是奠定人生快樂的基石。

不過現實情況是，只要我們一打算有所表現，特別是做出前所未有，或驚世駭俗的表現時，就必須承受所有可能的讚譽和毀謗；「名滿天下，謗亦隨之」，絕對是千古不變的真理，這也是我們想與眾不同必須付出的代價。我們必須要了解，被罵也好，被稱讚也罷，這些東西往往不是自己能夠控制的，我們唯一能做的，就是「無愧我心」。

以我自己為例。我一開始以「搭訕教主」的名號出道，本來就註定會是一件毀譽參半的事，但是大家知道最有趣的地方在哪裡嗎？那就是我從網路上討論的文章和自己留言版與部落格上面的留言發現，許多提倡真心交往的朋友們覺得我「妹把得太

> 我們必須要了解，被罵也好，被稱讚也罷，這些東西往往不是自己能夠控制的，我們唯一能做的，就是「無愧我心」。

你就是自己的激勵達人

搭訕前，
先搞定人生！

多」沒有誠意所以罵我；醉心於追求把妹技巧的朋友們覺得我「妹把的太少」不配當搭訕教主所以也罵我，總之，身為搭訕教主，就是注定要被罵個臭頭就對了。

身為被批評謾罵的中心，我可以選擇瘋狂把妹，贏得把妹派的歡迎，也可以選擇提倡真心不談技巧，換來真心派的尊敬，但是迎合別人的下場又是什麼？我寧可走自己的路，獲得自己的開心與寧靜。

從第一本出版書籍我就表明，自己是以搭訕作為藍海策略，來吸引讀者大眾的目光，但實際上卻是提倡自信的建立、溝通的技巧，以及面對挫折時候的心理調適，而且依循著 Personality Up, Power Up, and Pick UP（自我提升，能力提升，勇敢伸出友誼的手）這個脈絡來行進，中心主旨很清楚。但是信者恆信，不信者恆不信；喜歡我者繼續喜歡，不喜歡我者繼續批評。

就連我現在用「新世代激勵達人」這個名號，繼續和大家分享關於自信、勇氣、情緒管理和自我成長等等這麼正面的議題，還是有人要說我不配、我不行、嫌我文筆爛或罵我寫的東西都是老梗觀念（我從不否認自己文筆不好，但到目前為止似乎比罵我的人都要稍好一點……）

不管是理性或非理性的言論，我願意坦然面對別人對我的

一切指責。畢竟我們無法決定別
人要怎麼想怎麼做，但是我們能
決定自己要怎麼想怎麼做。我相
信，人生在世，是先讓自己過得
好，行有餘力再去幫助別人，而

我們無法決定別人要怎
麼想怎麼做，但是我們
能決定自己要怎麼想怎
麼做。

不是先讓自己過得不快樂，再嫉妒別人為什麼都過得比自己
好。所以，如果我問心無愧，言行舉止也照著自己的觀念原則
來實行，就讓「時間」和「實踐」，來證明我所提倡的全民搭
訕運動吧！別人的閒言閒語，又能對我產生什麼實質的影響
呢？你我的人生，都是我們自己在過的啊！

➡ 讓「時間」和「實踐」，來證明自己行為理念

　　讓「時間」和「實踐」，來證明自己行為理念的是非對錯
的想法，並非我所原創，而是在大陸紅透半邊天的易中天先
生，在自己面對別人的謾罵和批評時，所提倡的看法。我相當
認同他的見解，所以特別加以引用發揮，來做為自己在面對謾
罵和批評時應對的準則。

　　台灣的朋友們聽到易中天這三個字時或許感到陌生，但他
在中國大陸可以說是家喻戶曉的人物。易中天的《品三國》，

透過大陸中央電視台《百家講壇》節目的放送，吸引了成千上萬民眾的關注，他出版的書籍，更是本本衝破百萬銷售數字的紀錄。

當然，這樣不凡的成就，立刻引起一些三國研究者和所謂三國學者的眼紅嫉妒，對他的群起攻之，批評他使用過於粗俗和現代的詞彙來描繪三國人物與事跡，或是針對他就歷史與故事人物心境提出的演繹抱持反對的意見，更有嫉妒他名利雙收的人，用一些非理性的詞彙在網路上對他惡言相向。過了不久，甚至連直接打著「反易中天」名號的書籍都堂而皇之、接二連三地隨之出版。

但是易中天畢竟不是省油的燈，人家能上得了中央電視台的《百家講壇》，就代表他不是一個簡單的人物，在面對別人的批評中傷時，自然有他的一番修為。面對外界的風風雨雨，易中天先生認為，面對批評和關注，自己有所謂的三原則，一是指出硬傷（就是他真的對歷史有解釋錯誤的部分）立即改正，二是學術問題從長計議（因為每個人的見解都是有所本，至於所本為何，就有待研究和學術討論來驗證），三是講述方式不爭議（講述歷史時有人嚴肅講，有人輕鬆說，易中天的輕鬆方式讓許多「學者」受不了，但觀眾卻愛的要死，這本來就沒有對錯之分，又該如何爭論呢？）。他更指出，就讓時間與

實踐，來做最好的裁判，因為許多言論的東西，不是當下可以做出論斷的。

而如果別人只針對他叫囂和謾罵，易中天也有所謂的「三不主義」，分別是不理睬，不回應，和不在乎。沒錯！像他這樣一個大忙人，怎麼可能針對每個人的批評都加以回應？要是真的全部回應，想想大陸人口是台灣的多少倍，若時間都耗費在回應批評，會花費多少力氣。

但話說回來，不理睬和不回應這兩點，相信大部分的人都可以做到，但是最後一點「不在乎」，我想就是很多人的罩門了。因為「我本善良」啊！我們大家都天真的以為，自己又沒有主動攻擊人家，人家為什麼要攻擊我？自己又不認識那個罵我的人，他罵得那麼兇幹嘛？你能不理睬，也能不回應，但是心理上就是無法做到不在乎，總有一種受傷的感覺。

但是我要告訴大家，你知道為什麼你容易覺得受傷，而像易中天教授這種人就不會嗎？為何你老是對別人的批評耿耿於懷，而他這種人比較能處之泰然嗎？

好，答案揭曉了！那是因為你沒有自己的生活重心，或者不夠忙碌，才會想東想西，對別人的批評感到困擾。

易中天教授每天忙著準備上節目、演講，甚至拍廣告代言都來不及了，哪裡還有時間管誰說了或罵了他什麼？他知道這

些批評的時候，都是媒體訪問的時候提出來，才知道又有人罵他，也因為專訪時他是全場的男主角，不但有自己的舞台，還能提出深思熟慮的想法，展現自己的豁達大度與學者風範，再次達到宣傳的目的，你說他有傷心難過的餘地和必要嗎？

再來，大家知道為什麼大部分像他這種真正成功的名人，都不在乎外界的閒言閒語和批評嗎？因為他們全部過著名利雙收的日子！別人在瘋狂叫囂，或是在網路上發表文章罵他的同時，他也許正跟家人在國外悠閒自在的旅行、住五星級飯店、享受尊榮的服務；單身的成功名人，也許正開著他的名貴跑車暢遊各地，或和他的女朋友舉杯交歡、甜言蜜語……如此愜意的生活，怎麼還有時間管人家說些或罵些什麼？

其實在這些人的心裡，都有一個「不能說的秘密」，也可以說是一種共識，那就是既然自己都已經好運連連，得天獨厚又名利雙收，被人家隨便罵幾下，那又如何？老天都已經對自己這麼好了，為了公平起見，被其他人罵一罵，其實也無關痛癢不是嗎？就隨它去吧！這就是他們的心態。

看到這裡，如果對他不滿的你，可不要氣的牙癢癢的，繼續憤恨不平。請記得我曾經說過的，千萬別只是羨慕嫉妒別人所擁有的，而是要分析並學習他們到底是如何得到那些成就，特別是那些白手起家的人，接著想想自己該怎樣做，才能和他

們有相同的地位，就算短時間內達不到，至少能往那個方向去走。不要以為別人做不到的事情，自己也做不到；別人做得到的事情，就要相信自己一定也能做到！

不要以為別人做不到的事情，自己也做不到；別人做得到的事情，就要相信自己一定也能做到！

只有當你也有自己的生活，也名利雙收，也對自己的生活極度滿意時，才能完全不在乎別人的批評，也才能做到心境上的豁達，否則永遠只能像個Loser般書空咄咄，抱怨自己的際遇和人世間的無情。

所以，與其浪費時間回應批評謾罵你的人，搞得焦頭爛額又疲於奔命，還不如把時間和精力用來專注在自己的目標，以成功來證明自己的信念。當你做出一番驚天動地的事業，也對成果感到滿意的那天，許多原本謾罵批評你的人，也許會回過頭來感嘆你專注自我目標所付出的一切；但同樣地，也會有原本謾罵批評你的人，繼續變本加厲地攻擊你，這都不是你所能改變的。

唯一的不同，是如果你因為別人的攻擊批評，就不往既定的目標前進，那你永遠只能繼續停留在原地，而那些批評你的人卻不必因此負擔任何的責任。在人生的過程中，你不會因為

你就是自己的激勵達人

別人的稱讚就多一塊肉，也不會因為別人的批評而斷一條腿，只會因為達成自己既定的目標而興奮喜悅，或因為自己的一事而無成而沮喪懊悔，而這一切都跟別人無關。人生絕對是自己的，千萬不要讓不喜歡你的人，決定了你的人生！

幸福的道路自己開

有窗時開窗；沒窗
就自己鑿一扇窗！

➡ 老天幫你開什麼窗，是由你自己決定

大家應該都聽過一句話，那就是：當眼前的一扇門關閉的時候，老天一定會幫你開另外一扇窗。這句話主要是用來安慰失敗或遭遇挫折的人，叫他們不要放棄希望，因為人生到處都機會，也許一個轉身，就能在燈火闌珊處看到別的奇蹟。

可是前述這句話成立的前提，是你必須在每一個時間點上面，都付出努力，甚至是比原來遭遇失敗的事情上付出更多努力，那些所謂的機會之窗才能不斷地開啟。而且要注意的是，老天在你失敗時雖然會給你另一條出路，但他可沒說那另一個出口，是有如凱旋門般的康莊大道，還是像氣窗般大小的小門狗洞啊！這機會之窗是大或小、窗外的景色是明亮或昏暗，都必須由你的努力所決定！

我自身的兩個關於面試的故事，就是最好的佐證。

➡ 我的台灣教職面試經驗

自從2005年完成學業回到台灣之後，想要靠舞蹈這個專業，在大學找到正職工作，還真不是件容易的事！除了舞蹈科系在台灣本來就比較少，職缺原本就不多之外，其實我對在國

你就是自己的激勵達人

搭訕前，先搞定人生！

內大學工作這件事，意願並不高。為什麼呢？國內的教職工作環境，有個風氣是，新老師只要一進學校，就要有等著被上面的人「硬拗」的心理準備，而且被拗時還不能有怨言，因為大家都是這樣一步一步往上爬，才能逐漸擺脫這種不當的勞務之災，更何況「長幼尊卑」的觀念在學術圈裡面還是相當根深蒂固，如果不照著這個既定的遊戲規則玩，就要隨時有被排擠甚至被要求走路的風險！

我在美國留學時的一位學姊，順利拿到學位後，本來開開心心地爭取到擔任台北藝術大學舞蹈系專任助理教授這個職缺（請注意，助理教授是 Assistant Professor，不是教授助理 Professor Assistant，這是學校聘任教授時最開始的等級，之後才是副教授、教授），意氣風發地前往任教，讓我們這些學弟妹感到無比的羨慕也為她高興。只是沒想到我在台灣和她見面詢問教學與生活近況的時候，她卻對我大吐苦水。

原來，學姊一開始被聘任的時候，學校根本沒有那麼多的課程時數讓她上課，可是教育部又規定每位老師必須教滿固定的教學時數，這該怎麼辦呢？於是為了補滿她的時數，系上居然派她到校長辦公室當校長的秘書！

大家試想，一個好好的大學助理教授，居然變成校長秘書，原本可以自由地從事教學和學術研究的教授，竟然得每天

早上八點半進校長辦公室上班，然後因為藝術大學在台灣表演藝術界的特殊地位，還得在下班後額外負責一堆的表演活動。除此之外，還要面對系上長幼尊卑與派系鬥爭等等擾人問題，你說這助理教授當得痛快嗎？

坦白告訴大家，台灣的大環境就是如此，只要想進學校擔任教職，就得從這一步開始，而且只要是有人的地方就容易發生結黨營私、陷害忠良的情形，只要是在職場，都應該小心。台灣舞蹈系的工作既然不好找，進去之後又沒什麼好日子可過，再加上我對自己未來的規劃是希望能轉向激勵大師這個領域，於是我便決定要另謀出路，最好是跟教學與外語相關的工作。這讓我想到外語系也許是一個不錯的選擇！

進入外語系教學的目的，除了能夠繼續加強英文之外，還有兩個很重要的原因！第一，在大學裡面工作，意味著有大學這個金字招牌，作為我的背書，對我在推廣寫作以及演講事業時，有一定的幫助。身處於大家都喜歡以對方頭銜來評價彼此的台灣社會，有個大學助理教授的職稱當「黃金甲」，要上節目或到各校演講推廣理念的時候，對方也比較容易接受。

再者，大家知道我未來的終極目標，是成為亞洲最棒的國際激勵大師，所以我現在講的每一個主題，包括兩性關係、自我行銷、目標設定、自我激勵等等課程，未來可能全部都需要

你就是自己的激勵達人

搭訕前，先搞定人生！

用英語來進行。在大學裡面教英文完全可以讓我先把這些自己規劃的激勵課程，融入教學之中，只要透過課堂上的教學反覆練習，並從同學們的反應與不斷的經驗累積裡面去改進，一定能讓自己的演講內容更精彩，在未來幫助更多人。教學相長，可以說是一舉數得。

於是我試著接觸幾所大學的應用外語系，看看有沒有機會在那裡擔任老師。當時剛好有個朋友的表妹Sara是實踐大學應用外語系的學生，於是我和她相約在學校吃飯，然後請她帶我去找系主任。這場會面，事前沒有任何預約，就是一場硬碰硬的對決！剛好當時系主任也在辦公室，Sara簡單介紹我是她的朋友之後，就留下我和系主任開始以英文面談。系主任對我的突然造訪有點驚訝，但也很歡迎，他告訴我，目前系上並沒有專任職缺，兼任的職缺倒是一直需要，因為我有博士學位，英語程度也不錯，所以學校聘請我為兼任助理教授是沒有問題的。

在補齊了相關文件之後，我便開始了在實踐大學為期一年的教學生涯，也正如我所規劃的，因為我被指派教導英語會話，所以有很大的自我發揮空間。我把安東尼・羅賓的激勵學，芭芭拉・安吉麗思（Barbara De Angelis）的兩性學，羅勃特・清崎（Robert Kiyosaki）的富爸爸窮爸爸系列，以及傑

克·坎菲爾德（Jack Canfield）的情緒管理等等深入又實用的知識，全部彙整後當做是我上課的教材。我發展出獨特的教學內容與系統體系，並全程英語授課。整合各種資源發揮更大的效益，不只學生獲益良多，自己也是最大贏家，在走向國際激勵大師這條路上，盡力準備！

在實踐大學任職滿一年之後，不僅學生的評價很高，我也覺得表現不錯，要申請專任職缺應該沒有問題，於是又跟系主任聊了一下。但是他告訴我，系上還是沒有職缺！我心想既然系上沒缺，那就去別的學校試試，反正機會總是要靠自己發掘，就像我當時毛遂自薦得到實踐大學的教職一樣。況且有了這一年教學經歷的鍍金，要申請其他學校的專任教職應該不是太難。

剛好我在報紙上和104人力資源網站上，看到幾個學校的外語系在徵專任助理教授的廣告，便主動與這些學校聯繫。我一共聯絡了四間學校，其中銘傳大學看了我的資料，對我很有興趣，因此請我去面試。其他的學校，大概看我以前學的是舞蹈，現在又是個中文作家，感覺上跟英語「八竿子打不著」，怎麼能教授英文？所以連面試的機會都沒給我。不過我會在乎嗎？連被女生拒絕這種大風大浪都無堅不摧的我，會因為這點小小的挫折就灰心喪志嗎？當然不會！我決定專注在銘傳大學

的面試上面，期許自己一定要有最好的表現，一舉贏得這個工作！

我為什麼對銘傳大學的面試信心滿滿？因為我知道，其他幾個拒絕我的學校，因為看到我的學經歷不符合而不給我機會是很正常的，但只要親眼見到我試教的人，應該都會對我的表現刮目相看，進而錄取我。我相信自身的實力與熱忱，能夠跨越偏見與學歷所刻畫出來的鴻溝。

於是在面試的那一天，我西裝筆挺，信心十足地來到了銘傳大學，做了一場我自認很成功的試教，也和面試的教授們相談甚歡，但一個禮拜之後，卻沒有收到銘傳外語系的回應，便主動寫信和他們聯繫，希望能知道面試的結果。

負責和所有面試對象聯繫的那位外國籍老師，並沒有在第一時間回信給我，而是隔了三天才回覆我的詢問，她也是那個我認為當天對我面試表現最滿意，頻頻對我提出問題，又對我的回答猛點頭微笑的人。在她的來信裡面，我看到了她對不能錄用我的抱歉與掙扎。

她說，她們幾個老師都覺得我實在很優秀，不過也同時發現，我在試教，向同學們自我介紹的時候，好像太會行銷自我，不僅提到自己是個作家、教搭訕，還宣傳以後來上課的同學們，將不只學會課本裡面的東西，還能學會交際學、行銷

學、激勵學，以及兩性關係等等廣泛的議題。如此會行銷自我的做法，似乎有過於商業化的傾向，而銘傳大學嚴格禁止老師在教學時有商業行為，所以他們很抱歉這次無法錄用我擔任銘傳大學的專任教師。

大家看看，這樣的拒絕信，不是挺有趣、挺「絕」的嗎？銘傳大學就是一個以教導學生商業知識聞名的學校，卻不聘用一個能以身作則，教學生如何行銷自己的老師？不過銘傳大學這樣拒絕我，還不是整封回信裡面最逗趣的部分，最絕的是，那位老師話鋒一轉接著問我：「雖然我們不能給您專任的教職工作，但是我們很樂意給您兼任教職的工作，因為您實在很優秀，相信如果有您的加入，能為我們的校園注入新血與活力」！

這最後一句不禁令我莞爾！我還從來沒聽過有學校聘請專任老師，拒絕來應徵的人時，居然可以再憑空生出一個兼任教師的職缺，希望能留住該應徵者的呢！

仔細一想，就發現他們無法雇用我的真正原因，應該不是因為我太會行銷自己有違銘傳教師甄選規則的嫌疑，真正的原因，或許還是因為我的專業不是英國文學或英語教學，他們擔心就算錄取了我，說不定日後在向教育部呈報的時候，會無法通過，為了避免日後遇到這樣的麻煩，乾脆一開始就避免可能

的不便，但是又因為喜歡我，所以乾脆給我一個無傷大雅的兼任教職，這對他們來說可以算是雙贏。但我卻滿腹苦水！

老實說，我當時在看到那封拒絕信時，心裡還是覺得有點沮喪！我不禁覺得，自己的英文能力再好，面試表現得再出色，似乎都不能突破某些既定規則與思想所導致的鴻溝與障礙。如果是這樣的話，那我想在台灣的應用外語系教書的大夢，是不是永遠無法實現呢？

不過，這種負面的想法，只在我的腦中閃過三秒鐘，習慣積極思考的我，根本沒有時間在那邊自怨自艾！我閉上眼睛沉思了幾秒，用曾經介紹過的神經連結法恢復精神之後，立刻上網，開始尋找其他的工作！

▶ 我的韓國教職面試經驗

一直以來，我就很想去韓國工作，這個想法從我在美國唸書的最後一年就開始萌芽，倒不是因為我交過韓國女朋友，發現韓國女孩的美麗，而是因為我希望能把韓文學好，在日後擔任國際主持人時，不管遠道而來的外賓是歐美人、日本人，或是韓國人，都可以用他們的語言與他們交談，達到賓主盡歡、活動成功的效果。當時的我自負已經能講流利的英文和日文，

就差韓語。

於是，我靈機一動，試著在Google搜尋，找找是否有去韓國教中文的機會。結果運氣很不錯，映入眼簾的資料雖然少的可憐，但讓我看到弘益大學正好在徵求漢語老師，而且還有一個星期才截止報名。我二話不說，快馬加鞭地把甄選所需要的基本資料整理完畢，立刻寄給他們。三個星期之後，我收到他們的面試通知，當時心想：這種千載難逢的機會，我怎麼能不去試試呢！

這個教漢語的工作為什麼這麼吸引人？就讓我簡單介紹一下好了。弘益大學雖然只能以專任講師的名義雇用教漢語的外籍老師，但他們提供的薪水，卻是台灣助理教授幾乎兩倍的薪水。又因為它有兩個校區，其中一個校區離首爾市有點距離，為了補償教師交通的不便，允許老師們可以把一個星期規定教十二個小時的時數，平均分配在三天，也就是說，若有幸錄取，只需上班三天，其他全是自己的時間。說它是個「錢多、事少、只是離家遠」的工作，一點也不為過。

台北到首爾的距離，坐飛機也不過兩個半小時，比起當年台北和高雄之間高鐵還沒有開通，得靠客運或火車運輸花費的那五個小時的時間，要整整少了一半。接到面試通知後，我躍躍欲試，非常想爭取這個工作，因為它不僅能夠滿足我環遊世

界、體驗各國文化的理想，更能讓我的韓語能力突飛猛進。但是，我其實也和大部分的人一樣，在看到一個機會的時候，難免會有一些負面的想法。

　　首先，這封通知我前去面試的來函，內容寫的非常詭異！它裡面開宗明義地就說，因為這次報名甄選的老師人數並不多，大約十五位而已，於是他們決定廣開方便之門，讓所有人都有面試的機會，這樣大家可以各憑本事爭取這個教職。

　　這句話看起來很漂亮，但是背後的意思就是：你們大家來啊！不過我們不能給你們什麼保證！這和其他某些機構，在收取報名文件之後，先進行資料的審核，所以通知來面試的人，就表示已經有很高錄取機會的情形，是完全不一樣的！

　　於是，很多習慣於負面思考的人，一定會開始反覆思索：不對啊！要是我花了大筆的銀子買了機票去面試，但最後甄選的結果沒有錄取我，這機票錢豈不是白白浪費？另外一種負面思考是：韓國是一個比台灣還保守的國家，而且非常重視長幼尊卑與門閥關係。說不定這個工作的背後，早已經有人透過私人關係得到內定的保證，我這一去不是去送死當砲灰嗎？

　　另外一個想法是，這所韓國大學可能還會覺得，雇用台灣老師的費用，比起中國籍的老師來說較為高昂，校方會不會因此而偏好中國籍老師？更何況，全球雖然吹起學習漢語的熱

潮，但是形勢比人強，各國都以學習中國的簡體字為首選，我們在台灣學的卻都是繁體字，面試委員會不會在表面上敷衍台灣籍老師，但是在心裡早已經決定要雇用中國籍老師呢？

最糟糕的是，也許他們比較偏好的，是已經住在韓國的中國人或台灣人，這樣在發給所謂的工作簽證時，能夠省掉不必要的麻煩，搞不好他們就是想要已經歸化韓國籍或嫁給韓國人的華僑，這樣連申請簽證的手續都可以省了。像我們從台灣來的外國人，要被錄取的機會不是更低了嗎？我看還是省省力氣，不要浪費時間了吧？

前述這些顧慮，雖然是負面思考，但哪一項不是合情合理？號稱無敵積極的激勵達人我，也會有這類負面思考。但是，正因為先有負面思考，才能再進行腦力激盪，轉化負面的能量為正面的能量啊！

上面那些顧慮都曾經在我的腦海裡出現過，我也一直在想如何讓風險降到最低，無論如何，還沒有嘗試就先判定自己出局，連做一點垂死掙扎的努力都沒有，實在不是我的作風！不過要如何才能把這些看似不可能的任務變得可能，並且讓自己有更強的動機去實現、完成它呢？

正因為先有負面思考，才能再進行腦力激盪，轉化負面的能量為正面的能量啊！

你就是自己的激勵達人　　搭訕前，先搞定人生！

　　於是我轉念一想，不如藉由這次去韓國面試的機會，也順便帶母親去韓國旅遊，就當成是送給她的生日禮物，也慰勞她老人家這麼多年的辛勞吧！就這樣，賦與這趟面試之旅更多的意義後，就會覺得即使面試沒過，至少陪母親旅遊，也是美事一樁！這就是一種有效的神經連結，藉由賦與正在做的事情更遠更大更正面的意義，來加強你完成該項任務的決心！於是，我帶著母親抵達韓國。結束第一天的面試之後，與母親進行為期三天的首爾深度之旅，還見了幾位以前在美國認識的韓國朋友，大家都覺得非常開心。回到台灣才不到一個星期，就收到弘益大學的通知，我被錄取了！在台灣被那麼多學校的拒絕之後，我得到了這樣一個人人稱羨的工作。我想，如果韓國的大學持續提供我這份工作，維持原本的福利，也許未來十年就一直待在韓國也說不定。

▶ 面試注意事項與細節

　　在準備公費留學考試的時候，我巧妙地結合興趣與經驗，並分析考試致勝的關鍵，打敗其他的競爭者，獲得當年度「舞蹈史暨舞蹈理論」學門的公費留學獎學金。同樣的訣竅，我更將它發揚光大，用來幫助自己在應徵韓國漢語教學工作的時

候，贏得面試官的青睞。我想，充分的事前準備、滴水不漏的觀察能力，以及掌握全局的自信，應該是勝出的主要關鍵。在這裡就和大家分享一下，我是如何在韓國擊敗眾多對手，順利取得這「錢多、事少、只是離家遠」的「肥缺」，也討論一些在面試時，應該注意的重點。

首先，正式的服裝和完備的資料絕對是面試時，能夠通過第一關的基本配備。請記住，不管到哪裡面試，儘管天氣再熱，在這樣重要的面試場合，還是應該穿著正式的服裝，在職場上來說，那就是西裝。也許Google可以是一個例外，因為該企業的風格，就是以服裝輕鬆自在聞名，不過那也是你被正式錄取開始工作之後，而不是在還沒被雇用之前。一套西裝上身，有助於表現專業素養，特別是能顯示出你對這份工作的重視。請不要在這裡跟我說為什麼人都喜歡看這種外表呈現出來的假象，問題是剛畢業的你不僅沒有經驗、專業能力又不足，連這種表面的假象都不「裝一下」的話，那麼還剩下什麼？

我也一樣啊！知道自己的能力和背景沒有比其他人強，就得在服裝上讓人覺得中規中矩、賞心悅目。因此參加任何面試，我都會西裝筆挺。同時請注意，大

> 充分的事前準備、滴水不漏的觀察能力，以及掌握全局的自信，應該是勝出的主要關鍵。

家在參與面試的時候，即使是等待的時間，都應該要眼觀四面、耳聽八方，注意任何可能幫助你順利錄取的資訊，因為它們隨時有可能成為你的致勝關鍵。

那次在韓國的面試，我被安排在第三順位。面試委員雖然在通知說明上要求我們必須把所有必備的資料帶齊，包括履歷、學位證書，以及推薦信等，但在面試的時候，卻沒有叫我們提交出來，這是我在排隊等待時，第一位結束面試後出來的一號小姐告訴我的。

我在腦中馬上就有一個警覺：原來主試官根本不看那些我們準備的資料啊？問題是我的準備資料，包括履歷以及曾經出版過的書籍，都能有效顯示出我的漢語實力，如果不能拿出來給他們看，讓他們知道的話，豈不是白白帶了那幾本書來，徒增行李重量而已？各位從這本書的一開頭看到這裡，應該早就發現我是一個不喜歡浪費資源，只要有任何機會都要將它發揮最大效益的人，於是在了解面試的狀況之後，心裡便盤算著該怎樣做，才能自然地把對我有利的資料提交出去，展現自己的不同。

第二位面試者結束面談後出來，也說了一樣的話，他一直抱怨說自己的推薦信是請「有力人士」寫的，我心想搞不好還是大陸某大學的校長或政府部門的高官呢！但是面試委員卻連

看都不看，就請他直接坐下應答。其實他會搞不清楚狀況也很正常，畢竟大部分人在面試的場合裡頭，不知道是因為緊張，還是因為都把其他參加者都當成敵手，幾乎不太和其他應試者攀談，也就是不懂得透過適當的搭訕來搜集情報。依照他的情形，如果能事先問一下前面的小姐，面試的時候會是什麼樣的情形，不就比較能知道自己該如何做最佳的表現嗎？

　　於是，懂得與陌生人攀談的我，比起前兩位應試者來，就顯得多了一層心理準備，也知道我待會兒進去要做什麼了。

　　輪到我上場了！有鑑於前面兩位面試者的經驗，我一進去，跟三位委員問好之後，馬上就說：「各位評審委員，這幾本是我在台灣出版的書籍，以及我的一些經歷，請各位過目！」——我不急不徐地走到三位主試官面前，將自己以前在台灣出版的書籍，一本一本地攤在他們面前，並附上履歷。也就是說，我並不像其他面試者，一走進面試的房間，就被迫要求直接坐下，有如待宰羔羊般傻傻地回答問題，任由他們擺布，而是先發制人，讓他們看到我既有的出版品與經歷，於是他們很自然地就會照著我提供給他們的資料，來問我問題。

　　既然是我所提供的資料，我當然最了解該如何回答的人，這直接減少被他們問「意想不到」問題的機會。未來各位在面試的時候，也可以適當運用我所提供的這個方法，最好還能事

你就是自己的激勵達人

先詳讀該公司的資料，並藉由相關新聞報導，對公司的新產品或未來發展遠景，提出意見與問題，這些表現都能讓面試官對你刮目相看。

特別是當我把自己的著作呈現在他們面前的時候，雖然書名都是什麼《全民搭訕運動》、《第一次搭訕就上手》，以及《脫離好人幫》之類聳動的書名，但因為那些主試的老師都是去中國大陸學習過漢語的韓國人，也許漢語的造詣還不夠高，哪裡搞得清楚「搭訕」是什麼意思？一看到來面試的人居然已經出版了那麼多作品，當然容易對我刮目相看。這個動作主要的目的，在讓他們覺得我既然能出版那麼多作品，想必中文有很不錯的造詣，應該可以勝任這個工作。

而我在等待時也曾想過，根據弘益大學在招聘公告上面的要求來看，前來面試的人，在客觀背景上應該都擁有差不多的條件，大家都是碩士以上學歷，甚至很多人已經會說流利的韓國語了。而我，雖然有博士學位，卻是舞蹈方面的博士，對爭取漢語老師這個職位，幫助並不大，更何況我的韓語能力，也只是會讀基本韓語拼音的程度而已。那麼我到底該怎麼樣做，才能與眾不同，脫穎而出呢？

我心想，是不是能夠來個「偷吃步」，用一些技巧，讓甄試委員「誤以為」我的韓語很好，這樣不就得了嗎？最好還能

說些讓他們感動的話語，這樣一定能為自己的表現加分。

因此在等待面試的時候，我便向在一旁協助我們面試的助理秘書，問了一句我個人認為非常經典的句子，準備在待會兒面試委員問到我適當的問題時把它說出來，一方面顯示我的「韓語實力」，一方面展現我來韓國教學的熱忱。由於那句話實在威力驚人，因此我早就在心中暗自決定，就算他們問我的問題裡頭沒有能夠誘發出那個答案的問題，怎麼樣也要想辦法把那句話說出來，畢竟那麼「狗腿」，那麼感人的話，真是世間少有啊！

大家一定很好奇是什麼話吧？面試委員在快結束的時候，問我：「鄭老師，我想問你，你應該也發現了，在我們學校教漢語，規定的課程時數並不多，因此你將有很多的自由時間，那麼除了教學之外，你打算如何運用自己的時間呢？在韓國文化裡面，有沒有哪個部分是你最感興趣的呢？」

我一看機會來了，便順勢說出那句準備了很久的答案：

나는 한국의 정신과 문화를 배우기 위해 한국에 왔습니다
（我正是為了學習你們大韓民族的精神與文化才來韓國的！）

那一瞬間，我在評審委員的眼睛裡面看到莫明的興奮與感動，於是我乘勝追擊，趕緊接著說：「事實上，我非常佩服韓

搭訕前，
先搞定人生！

國能在二次世界大戰之後，從那麼殘破和貧窮的局面裡面重新站起來，開創出今日的世界格局。曾經那麼貧瘠又缺乏資源的國家，卻能夠打造出三星電子、LG電子、現代汽車與海力士半導體這樣的世界品牌。我來韓國，就是想來看看到底是什麼樣的民族和文化，能夠成就這樣不可能的任務！」

大家都知道，韓國人的民族性和愛國心之強，舉世聞名。如果你是韓國人，聽到有人這樣稱讚自己的國家，不會有飄飄然之感嗎？你覺得這樣回答的我，給評審委員的印象分數能不高嗎？當所有競爭者的學歷和語文能力都差不多的時候，面試官看的是什麼？還不就是這些能吸引他們注意，勾起他們心裡悸動的感人話語！

結束面試回到台灣不過三天，我就收到弘益大學的錄取信！當下的開心與感動，根本無法用任何文字和言語來形容。我希望用自己的故事和大家分享的是：一個積極的人，會用一切合理而正當的手段，來達到他想要達到的目的，請拋開那不值錢的面子，以及不敢表達自我的「不好意思」，透過適當的包裝與戰略，讓自己在強敵環伺的競爭對手中，一舉勝出。

不過我還是要提醒大家，其實光靠這種所謂的機巧，也只能暫時幫助你達成目標，如果沒有實力當後盾，還是會在日後被他人戳破假象，而從好不容易占據的位子上面敗下陣來。機

會有時候會突然降臨在我們身上，但是只有真正有實力的人，才能抓住機會，再將那個機會當成向上攀升的墊腳石，激發自己全部的潛能！所以，在提升自我的這條道路上，我們永遠都不該停下腳步，而要隨時將自己的實力準備到一百分，然後緊緊握住屬於我們的每一個機會！

　　哦，忘了告訴大家，因為我是大學老師，所以韓國學生放寒暑假時我也跟著放，薪水照拿，再加上韓國學期很短，每三個半月的學期一結束，緊接著的就是兩個半月的寒假或暑假；另外學期期間不知道為什麼，亂七八糟的國訂假日和學生校慶活動一堆，簡直到了沒事就亂放假的地步，害我這老師都覺得當得怪不好意思的呢！最棒的是，因為弘益大學是一所藝術聞名的大學，並沒有中文系，我們這些漢語老師隸屬於教養科（就是通識科），平時根本沒人會管我們，更不會給菜鳥雜事做。其實來到韓國前我心裡早有打算，就算那些韓國的老教授想拗我，只要裝個可憐樣，說我韓文不好辦事不牢，就可以逃過一劫了。這種工作是你你要不要？歡迎大家一起來韓國為華語教學盡一份心力！

　　我總是時常回想起當初在台灣面試屢屢遭遇挫折和失敗的日

只有真正有實力的人，才能抓住機會，再將那個機會當成向上攀升的墊腳石，激發自己全部的潛能！

子，更加相信只有持續不斷的努力，才是我們應該堅持走下去
的道路。人生真的非常有趣，有時冒險刺激的程度，實在不亞
於精彩的八點檔連續劇。我不禁想到，如果當時銘傳大學錄取
我，我還能到韓國過現在令人稱羨的日子嗎？我的韓文還要多
久才能有真正的進步？

　　而如果我在被銘傳大學拒絕的當下，就放棄努力找更好的
工作，又如何能享受今日有如半退休般的生活？所以請大家相
信，老天在關閉一扇門的時候，一定會幫你開一扇窗，但是你
必須要付出所有一切的努力，拼了命地去找出那扇窗。如果還
是看不到窗，那麼就自己鑿一扇窗吧！很多時候，自己鑿出來
的窗，才最適合自己的身型，也更能看到夢想中的世界！

10 人生不會白努力

對積極思考的人來說，人生沒有白白浪費的努力

　　很多人在追求夢想的同時，因為預期到可能的失敗而開始害怕現在的付出，到頭來會換得一場空，徒然浪費時間和精力，因此覺得與其日後受打擊，還不如不要開始，這樣自然就能避免傷害。不過我認為，如果人生真的能像你想的那麼美好，以為只要不去嘗試就不會失敗，日後也能一帆風順，那就太完美了。

　　很可惜，老天偏偏不會讓你稱心如意。上帝在設計這個世界的時候，已經在遊戲規則裡面加入了一項鐵則，那就是：世界是屬於勇者的，害怕失敗的人，只能是可有可無的存在！

　　下圖能夠概括描述一下在現實人生裡面會發生的情形：

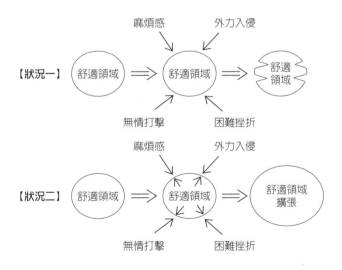

你就是自己的激勵達人

　　在中心的那個圓圈，代表了一個人的生活，也可以說是我們每個人的舒適領域（comfort zone），在這個範圍裡面，我們能很自在地活著，將一切事情都打理得很好，日子過得風平浪靜。

　　但當有某些外力介入的時候，也許是天災人禍，也許是別人造成的麻煩，儘管我們想視而不見，不過客觀的破壞還是存在，而且一定會步步逼近，繼續衝擊原本的生活，導致我們根本不可能再繼續維持既有的舒適領域。

　　一段時間以後，再不採取行動解決問題，就只能看著自己的圈子漸漸萎縮。部分曾經採取行動抗拒，但在遭到失敗後就立刻退守放棄的人，也只能看著自己的領域越來越小。這個圓圈的縮小，正代表我們越來越不能解決自己的問題，也越來越沒有自信（如狀況一）。

　　另一方面，當我們遇到外力挫折侵入我們的世界時，如果採取行動奮力抵抗，那麼也許能夠固守我們原本的領土，更有可能發生的情況是，在抵抗外力入侵的過程中，因為增加了處理問題的能力，進而加強自己的自信，所以能夠將自身舒適生活的領土進行擴張，這就是所謂的自我成長（如狀況二）。每一個人的生活，都像是一個又一個的圓圈，它的大小，都是由我們在面對挫折與麻煩時的應對所逐漸形成。

　　所以，惟有勇敢地面對人生，藉由克服問題來增加自己的能力、強化自己的自信，才能讓自己的能量越來越強大，做一個完美強大的圓圈。同時對一個正面思考的人來說，在追求自我夢想實踐過程中所付出努力之後，即使遭遇失敗、功虧一簣，也不算浪費時間，更沒有所謂失敗這種事！真正的失敗，是指你完全放棄，什麼都不做的時候，那才是真正的失敗！只要我們把時間點拉長就會發現，眼前的失敗，很多時候真的不是失敗，頂多只能稱之為經驗而已，只要你夠努力，就會在生命其他的時間點上面，獲得當初努力的報酬，事後的收成，往往遠超出你當時的想像。

　　我自己就有一個轉化失敗，將其變成未來機會成本的故事，要和大家分享。

　　2007年的時候，透過朋友的牽線，我有機會擔任一個名為「第九屆亞太保險理財大會」活動的講師。那位擔任經紀人的朋友，因為認識主辦單位，覺得可以把我和我的行銷課程與演講推薦給這個大會的主辦單位，由他們來安排我進行大會當天演講授課的事宜。經紀人請我先寫一篇自我介紹的短文，讓她能寄給對方，再當面進行推薦。

惟有勇敢地面對人生，藉由克服問題來增加自己的能力、強化自己的自信，才能讓自己的能量越來越強大。

你就是自己的激勵達人

　　我相信這是一個千載難逢行銷自己的良機。仔細想想，雖然我用搭訕教主的名號出道，但其實我出的每一本兩性書，都不只是兩性書，其中還包括自我激勵、個人行銷與自我成長，個人的未來目標也是成為亞洲最棒的激勵大師，跟這次大會的宗旨完全不謀而合。如果能夠參加這個大會的話，對我在這個領域裡面的知名度和市場開拓，有非常大的幫助，也能更迅速地將正面的影響力帶給更多人。

　　於是，在經紀人給我這個資訊的當天晚上，我馬上完成這篇自我推薦的文章。請大家特別注意我在裡面敘述的方式！我把自己當成記者來撰文，並且在行文之中，根本就假設自己已經被邀請擔任講師了。其目的就是要讓閱讀的主辦單位覺得有我的加入是理所當然，如果不邀請我來擔任講師好像說不過去一樣！

台灣之子與台灣的榮耀，三十歲就過半退休生活

　　此次大會邀請的國際講師群中，學歷最高而年紀又最輕的，莫過於這位土生土長的台灣之子：鄭匡宇博士了！光講名字也許你還不太清楚他是誰，但說到台灣的「搭訕教主」，唯一在亞洲開班授課，教導如何在業務上做陌生開發，並且用這個藍海策略來開創

自己事業和感情上雙贏的人，非他莫屬！

　　這位台灣世界唯一的「搭訕教主」，是百分之百的台灣人，來自一個父母都是公務員的平凡家庭。但是，靠著不服輸以及勇於冒險開創的精神，在家裡沒有錢供他出國唸書的情形下，考取了台灣政府提供的公費留學獎學金，出國攻讀博士，並且破紀錄地成為台灣最年輕的舞蹈博士。在國外，除了唸書之餘，他還開設運輸與通信公司，專門提供學校教授和國際學生機場接送以及國際電話卡的服務。回到台灣之後，他更大膽提出搭訕理論，出版五本兩性勵志的暢銷書，強調惟有把握機會，並勇於推銷自己的人，才能夠創造不悔的快意人生。

　　他靠搭訕和自我推銷成功的例子，多不勝數！靠著在國外不斷地搭訕、不斷地勇於結識新客戶，他的機場接送和國際電話卡業務蒸蒸日上；回到台灣，憑藉著不斷的自我推薦，他找到出版社願意出他的書，上了無數的媒體，也擔任多家公司的講師和尾牙晚會的主持人！不要以為這些都是別人介紹的——所有的機會全部都是他毛遂自薦所爭取到的！他相信，惟有隨時充實自己的實力，做好準備，再勇於推銷自己，

才能開創出屬於自己的未來。

如果你再聽到他現在的工作內容，一定會目瞪口呆，羨慕不已！除了在台灣成為暢銷作家，享有豐厚的版稅之外，鄭匡宇現在是台灣與韓國之間的空中飛人。因為他擔任韓國弘益大學中文講師，一個星期只要工作三天、一天四小時；星期四到星期天，全部是他的自由時間，薪水是台灣大學教授的兩倍！你一定又以為這個工作一定是有人介紹的。當然不是！那是他自己以Google搜尋找到的，他現在是韓國唯一以英文教授漢語的台灣人！

問他為何選擇韓國成為他的落腳處，他會告訴你，因為他已經能講流利的中文，英文，日文，現在就差韓文了。在一年以內，他將提升自己的韓文能力，未來只要是任何來台灣的外賓，不管是藝人、作家或學者，憑藉著流利的外語能力，他都能用來賓的母語，和他們進行最好的互動，成為亞洲最好的主持人和司儀！他相信，成為一個優秀的台灣人，在國際上發光發熱，就是推銷台灣最好的方式！

如果你也想要像他一樣，成為會多國語言，多重能力，又能夠周遊列國的專業人才，就一定要來參加

這次大會，聽聽他和你分享提升自己，培養不怕拒絕的能力，以及在國際市場裡面找到立足點的訣竅！

在上面這篇自我介紹的專文裡面，我預設自己已經被大會聘請為講師的身分，對甄選委員進行自我推薦。這也是《秘密》這本書裡面所提到的方法：當你真的想要做一件事，或者真的有一個你很想實現的目標時，最好達成它的方法，不是老想著「我要達到它」，或者「我達到它之後就能怎樣怎樣」，而是在一開始的時候就以「我已經是」或者「我已經有」的態度來過每一天，進而更努力的接近那個目標。

比如說，如果你希望成為一個有吸引力的萬人迷，那麼你應該做的，不是每天早起對著鏡子說：「我要成為一個萬人迷」，而是在走路、吃飯，以及說話的時候，就已經覺得自己就是像梁朝偉一樣的萬人迷，想想他會如何講話、如何行動；如果想要成為一個有錢人，不是每天想著「我一定要成為有錢人」，而是早已經覺得自己是一個有錢人了，然後在花每一分錢、做每一筆投資時，想像唐納‧川普（Donald Trump）或華倫‧巴菲特（Warren E. Buffett）

在一開始的時候就以「我已經是」或者「我已經有」的態度來過每一天，進而更努力的接近那個目標。

你就是自己的激勵達人

那樣的有錢人，會如何運用自己手上的每一分錢，自己也跟著照做，因為你就是跟他們一樣的有錢人！

　　說到這裡就要跟各位告解一下了。大家別看我這個鳥樣子，雖然罵我醜的人很多，可是不瞞各位，我骨子裡根本就覺得我是像湯姆・克魯斯（Tom Cruise）一樣的帥哥，是像歐普拉（Oprah Winfrey）一樣的著名主持人，也是像安東尼・羅賓一樣的國際級激勵大師，這從我上面公布的這篇自我推薦的文章，就可以嗅出那股霸氣。我知道很多不習慣用這種方式進行思維的人一定在心裡又想開罵，覺得這樣是不切實際的自戀與自我催眠，明明沒有做到的事情，憑什麼幻想自己已經做到？

　　但請大家想一想，湯姆・克魯斯是在一開始進入好萊塢，就突然搖身一變成為今天的國際巨星嗎？歐普拉第一天從事廣播主持人工作，就是像現在一樣被視為全世界最有影響力的黑人女性代表嗎？安東尼・羅賓二十六歲前窮困潦倒，蹲在自家浴缸旁邊洗堆積如山的碗盤時，難道就已經是全世界最著名的激勵大師了嗎？以上問題的答案，當然全部都是否定的！任何一個有成就的人，都一定有一個平凡無奇的開始，而從平凡無奇到驚天動地之間的距離，就是努力和夢想的相互累積。他們有權利把自己的未來想得不平凡，你我也同樣有權利把自己的未來想的不平凡！

　　這個時候，那些愛潑你冷水的朋友，還有包括你腦海中那個負面的自己，都會不時跳出來對你說：「你不可以！」「你不會！」「你不能！」「你不是！」；但是，千萬不要讓別人的意見，成為你自己都不想見到的事實（Don't Let Other People's Opinion of You Becomes Your Reality）！只要是你想做的事，你的腦中都應該只有「我可以！」「我會！」「我能！」，還有「我就是！」的聲音與影像！

　　事實證明，這樣的操作方式，引起主辦單位極大的討論與回響。當時經紀人告訴我，她去主辦單位詳談是否邀能請我擔任講師事宜時，目睹了主辦單位內部人員極其熱烈的討論。有一半的人，包括會長，非常地支持我，怎麼樣都希望我能擔任講師；但也有另一半的人，考慮到我既非百萬美金年薪富翁，不是保險從業人員或具有理財背景，更沒有大跌一跤後再重新爬起來的經驗（那次大會的主要訴求講師就是這三種人，而且跌跤都是要跌到傾家蕩產，欠一屁股債的那種才夠資格），憑什麼擔任講師？

　　於是經紀人向我說明這個情況，並建議我再寫一篇文章說服那另一半的評議委員。我二話不說，馬上在隔天就把第二篇文章寄給他們。裡頭針對所有的質疑，都有非常詳盡的說明和答覆，也再次誠懇告訴他們我為什麼非要參加這次大會並擔任

講師的原因。在此我以下文和大家分享：

誰說如果要成功，就一定要先跌倒？

　　鄭匡宇除了是一個靠搭訕創造事業機會的高手之外，更是一個理財高手。怎麼說呢？雖然家裡沒有辦法負擔他出國讀書的費用，但是他選擇了國家公費留學考試這個能夠「以小搏大」的機會，順利考取了公費留美。算算國家三年來給他的獎學金和生活費，差不多有三百萬台幣！這比起其他迅速賺錢的方式，要來得更不費吹灰之力，而且可以說是毫無風險。

　　匡宇的信念是「年輕人因為沒有經驗，又沒有錢，所以更是要把握能以小搏大的機會，創造自己的財富」。上面提到的公費獎學金是一個例子，另外一個例子，就是匡宇最自豪的股票投資。不同於一般投資大眾每天看盤，心情隨著市場起伏，匡宇把自己的每一筆錢都存下來，然後在中共導彈試射、美國911事件，以及SARS疫情嚴重等等非理性經濟因素影響市場的時機，大舉進軍股市，投資基本面好、獲利能力強，只是暫時被打壓的個股。每一次出手，都讓他獲利滿滿。匡宇相信，「發國難財，就是愛台灣的表

現」！因為在國家最不穩定、人心惶惶，最需要支持時，大膽地用自己的財富來投資台灣的人，當然應該在日後享受豐富的回報。他相信這塊土地，也相信這塊土地上人民的鬥志，不會那麼輕易被擊垮！

除了操作看似風險很大，其實毫無風險可言的「國難財」之外，匡宇也非常重視保險工具的運用。身為一位在國際間經營事業的空中飛人，給家人和自己一個完善的保障，非常重要。匡宇目前擁有壽險、儲蓄險、醫療險，以及投資型保單，可以說是面面俱到。有完美的保障做基礎，才是年輕人勇敢向前衝的最大支持。

這次大會的講師群，主要是資產百萬美金的富翁、跌倒後再爬起來的勇者，或是保險和理財方面的專家。但是，不是每個人都能在三十歲就累積百萬美金的財富；不是每個人都一定會走到破產的地步再站起來；也不是每個人都能投入時間和精力成為理財大師。大家來參加這個大會，不就是希望能夠跟大師們學習，記取他們失敗的教訓，以及如何在逆境中站起來嗎？參加者的目的，不是為了要和講師們有一樣的人生經驗，而是要能知道未來可能遇到的風險，給自

己打好預防針，來面對以後人生的挫折。

誰說如果要成功，就一定要先跌倒？參加這個大會的來賓，就是希望能不再重蹈前輩們的覆轍，而能站在巨人的肩膀上，讓自己眼界更廣、也望得更遠。

所以，大家在匡宇身上可以看到的，是與他們更貼近的例子：一個從平凡家庭出來的孩子，如何不靠父母的力量，憑藉著自己的努力，闖出屬於自己的一片天。在這些講師身上，聽眾或許可以看到他們成功的「歷史」，但是在匡宇身上，大家卻可以看見成功的「未來」。匡宇希望能藉由自己的故事，把信心和勇氣帶給聽眾，然後讓他們勇敢去開創屬於他們自己的未來。

大家看看，這種文章，不要說你了，連我自己再看一次都感動得要死。但是，一個星期之後經紀人告訴我，這個案子的推薦還是沒有成功，對方回覆表示，拒絕我的理由是因為他們的講師早在幾個禮拜前就完成簽約，而我與經紀人知道訊息的時間太晚了，他們只好割捨這次的合作機會。他們雖然表達的很委婉，但我想這應該不是最主要的原因。最主要的原因，應該還是因為我既不是資產百萬美金的富翁、也沒有跌落至人生

谷底再爬起來的經驗，更不是保險和理財方面的專家。

　　大部分的人如果和我一樣，在某件事上面付出心力，卻遭遇到失敗的打擊時，第一個反應，一定是覺得自己花了那麼多時間和心血寫這兩篇文章，卻沒有推薦成功，這不是一種時間和精力的浪費嗎？身為當事人的我完全不是這樣想！當我在寫這兩篇文章的時候，根本就已經覺得自己一定會被錄取，甚至已經開始幻想站在台上跟聽眾分享的畫面了，所以心理上的快感，已經藉由想像力獲得了實踐！

　　或許你會說，無論如何，失敗的結果畢竟是一個不能改變的事實！鄭匡宇你再怎麼會幻想，再怎麼會阿Q精神勝利法，也不能改變那個挫敗的事實啊！的確，我沒有辦法改變失敗的事實，但卻能把它轉化成對我自身另一種有用的資產！大家這不就看到了嗎？即使我的推薦失敗，但是我努力的過程，卻被我保留下來，放在我的這本新書裡面，與大家分享這樣一個努力的故事；它們甚至還會變成我演講的素材，透過全省走透透的分享，一次又一次激勵許多遭遇失敗與挫折的年輕學子。

　　況且，大家真的以為這樣的努力會白費嗎？我相信，該大會這次不要我沒關係，他們已經有

我沒有辦法改變失敗的事實，但卻能把它轉化成對我自身另一種有用的資產！

我的資料和聯絡方式，又很欣賞我，你覺得他們下次還有類似活動與機會需要講師的時候，不會第一個想到我嗎？當然會！

　　所以說，沒有任何努力是白費的。在奮力奔向自己目標的過程中遭遇的所謂挫敗，都是學習，不是浪費。我們應該不斷地問自己：如何能把眼前的挫折，化成成功的契機和動力？這樣的正面思考與戰略調整，將讓你的人生再也沒有失敗，只有一次又一次讓自己更好的精彩！

結語

　　在這本書的尾聲，我想利用網路上流傳的一個故事，來和大家分享一個非常重要的觀念。雖然它的真實度無法考證，但是它所要傳達的精神，值得我們學習：

　　在某個大雪紛飛的耶誕夜，有對經營鞋店史密斯夫婦，在送走最後一位客戶之後，感恩的說著：「上帝待我們不薄，今天的生意不錯。」他們接著開始準備打烊休息，但就在此時，看到門口有個衣衫襤褸、穿著不合腳大鞋的孩子，正盯著櫥窗中精美的鞋子瞧。

　　這位約莫八、九歲的孩子，雙腳被凍的紅通通，發現史密先生正朝他走來，眼神中亦充著期待。史密斯先生對這孩子說：「孩子，聖誕快樂，有需要我幫忙的地方嗎？」

　　小男孩想了一下，過了一會才怯生生說：「能否請您轉告

你就是自己的激勵達人　搭訕前，先搞定人生！

上帝，我想要一雙合腳的鞋子，我會非常感激您的！」

　　正在整理店內環境的史密斯夫人，經過聽到小男孩的請求，把史密斯先生拉到一旁小聲的說：「送他一雙鞋當聖誕禮物吧，這孩子看起來怪可憐的。」沒想到史密斯先生說：「我想他需要的不是鞋子。可以請妳拿一雙最好的棉襪、再端一盆溫水過來，好嗎？」史密斯太太一臉疑惑的去準備這些東西。

　　沒多久，史密斯太太端著溫水給史密斯先生，他接過溫水並示意小男孩坐下，並把他凍得發紫的雙腳放進溫水，對著他說：「孩子，我向上帝傳達你的心願了，他說不能給你一雙鞋子，只能給你一雙襪子。」男孩的眼神充滿不解與疑惑。史密斯先生接著說：「我們每個人都會向上帝許下心願，但是上帝無法達成每個人的願望。祂只能給我們種子，讓我們自己灌溉耕耘，才能有所收獲，我們眼前才會出現光明的坦途。」

　　「我自己也有類似的經驗，我家很窮，我小時候也曾求上帝送我一家鞋店，希望能做出一番成績之後，改善家人的生活。但當時的我只得到一套做鞋工具，僅管如此，我仍相信只要能善用這個工具好好工作，總有一天能得到所想要的一切。我從擦鞋童、製鞋學徒、修鞋匠，到皮鞋設計師……直到擁有今天這家頗具規模的鞋店，也有一個美滿的家庭。一路走來，就是靠著這套上帝賜給我的工具。」

「孩子，上帝待你不薄，祂要你拿著這雙襪子找尋夢想中的鞋子，只要堅持，總有一天你也會成功找到屬你的寶藏。」小男孩穿上襪子、再套上原來的鞋子，向史密斯夫婦道謝後，走出店門。他感謝的回頭一望，發現史密斯夫婦正對著他揮手大喊：「加油，孩子！要記得上帝的話，我們等你報佳音。」

一轉眼三十多年過去，在一個耶誕節的早晨，史密斯夫婦一早就收到一封陌生人的來信，信中寫道：

> 尊敬的先生和夫人：
>
> 　您們還記得三十多年前一個大雪紛飛的耶誕夜，有個窮分分的孩子，透過您向上帝轉達他希望上帝賜給他一雙鞋子的事嗎？那時上帝別有用心地送了他一雙襪子，和一席比黃金還貴重的話。也因此啟動了他生命的自信與不屈！給他一雙襪子，讓他自己去尋找夢想的鞋子，這是你們的偉大智慧。衷心地感謝善良而智慧的先生和夫人，那孩子拿著那雙你們給的襪子，已經找到對他而言最寶貴的鞋子──他當上了美國的第一位共和黨總統。
>
> 　而我，就是當年那個窮困的孩子。
>
> 　　　　　　　　　　　　　　　　　　　亞伯拉罕・林肯

你就是自己的激勵達人

搭訕前，
先搞定人生！

看完這個故事的你，是不是也和當時看完這篇故事的我一樣，熱淚盈眶呢？

真的，不是每個人都有天生的好運，都能含著金湯匙出生在富豪之家。與其羨慕別人的好運，不如感謝上蒼給了我們健康的身體，以及能夠自由思考的意志，來為自己的未來打拼。

我們常常羨慕別人的好運，也嫉妒別人有比我們富裕幸福的家庭，但是，如果一輩子都被家人照顧得太好，而不需要自己努力，那麼這種總是是被別人決定的人生，不是也太無趣了嗎？我們都會老，當我們老到動不了、耳朵聽不到聲音，眼睛也看不見東西的時候，我們還剩下什麼？我們還剩下的是回憶！惟有在我們人生過程裡的每一個階段，都做出自己覺得最適當的抉擇，並付出全心全意的努力，才能過著無怨無悔的人生，然後，在我們無法自由行動的時候，還能靠著那些回憶來繼續自己的生命，露出滿足的笑容。

兩個老到不能動的人到底有什麼區別？一個認真過好自己每一天的人，和另一個老是抱怨而隨波逐流的人，腦中能夠用來回味的回憶是大大的不同，這就是區別。所以，你要選擇哪一種人生呢？最好放棄不勞而獲的想法，因為天生命就不是特別好的你，已經沒有那個機會了。既然不勞而獲已經確定不會發生在你身上，那麼就選擇相信自己，靠自己的力量來開創屬

於自己的人生吧！

　　實踐的方法，就是立刻設定自己的目標，並付出所有的努力去達成它，達成之後，再設定一個比現在的自己更好個百分之十五到二十的目標，並盡力達成。人生就應該是這樣一個不斷讓自己更好的過程，所謂的自信和開心，也只能在這樣的過程中實現並得到滿足。

　　如果有一天，你能對你的孩子和孫子們說：我現在擁有的東西，都是自己努力得來的，即使因為某種原因失去了他們，但是我在這個過程中學習到的知識和精神，卻能讓我隨時再把失去的東西全部贏回來！這，才是無悔人生的最佳註解。

　　我們不必留給後輩們什麼物質上的東西，但卻應該幫助他們培養面對挫折與困難的信心，勇氣與能力！過自己最好的人生，也把積極正面的力量傳給其他人，讓他們也過屬於他們自己最棒的人生，這就是每個人來到這個世界上的使命，也是你能永遠被別人記得的功績！

Bloger 007

你就是自己的激勵達人

作　　者	鄭匡宇	
責任編輯	林怡君	
美術設計	江孟達	
副總編輯	林秀梅	
編輯總監	劉麗真	
總 經 理	陳逸瑛	
發 行 人	涂玉雲	

出　　版　麥田出版
　　　　　城邦文化事業股份有限公司
　　　　　104台北市中山區民生東路二段141號5樓
　　　　　電話：(02)2500-7696　傳真：(02)2500-1966
發　　行　英屬蓋曼群島商家庭傳媒股份有限公司城邦分公司
　　　　　104台北市中山區民生東路二段141號2樓
　　　　　網址：www.cite.com.tw
　　　　　客服服務專線：(886)2-25007718；25007719
　　　　　24小時傳真專線：(886)2-25001990；25001991
　　　　　服務時間：週一至週五上午09:00~12:00；下午13:00~17:00
　　　　　劃撥帳號：19863813；戶名：書虫股份有限公司
　　　　　讀者服務信箱：service@readingclub.com.tw
香港發行所　城邦（香港）出版集團有限公司
　　　　　香港灣仔駱克道193號東超商業中心1樓
　　　　　電話：(852) 25086231　傳真：(852) 25789337
　　　　　E-mail：hkcite@biznetvigator.com
馬新發行所　城邦（馬新）出版集團【Cite(M)Sdn. Bhd.(458372U)】
　　　　　11, Jalan 30D/146, Desa Tasik,
　　　　　Sungai Besi, 57000 Kuala Lumpur, Malaysia.
　　　　　電話：(603) 90563833　傳真：(603) 90562833

印　　刷	鴻霖印刷傳媒股份有限公司	
初版一刷	2008年6月17日	
初版四刷	2012年8月23日	
售　　價	260元	

ISBN：978-986-173-393-7

國家圖書館出版品預行編目資料

你就是自己的激勵達人／鄭匡宇著. -- 初版. --
　臺北市：麥田，城邦文化出版：家庭傳媒城
　邦分公司發行, 2008.06
　　面；　　公分. --（Bloger；7）
　ISBN 978-986-173-393-7（平裝）

1. 自我實現　2. 激勵

177.2　　　　　　　　　　　　　　97010401

城邦讀書花園
www.cite.com.tw
書店網址：www.cite.com.tw

版權所有‧翻印必究（Printed in Taiwan）
本書如有缺頁、破損、裝訂錯誤，請寄回更換